So schön ist das

Weserbergland

Sachbuchverlag Karin Mader

Fotos:
Jost Schilgen

Text:
Hans-C. Hoffmann

D-28879 Grasberg
www.mader-verlag.de

Grasberg 2001

Bildnachweis:
Seite 12, 13, 22, 23, 28, 37, 40, 47, 48, 54, 55, 57, 58, 59, 65, 70, 78 und 81: Dirk Rademaker

Titel Mitte, rechts oben und unten, Seite 2/3 und 61: Fritz Mader
Seite 18: Städt. Verkehrsamt Beverungen
Seite 73: Verlag Foto Wagner
Karte Seite 5: Gerold Paulus

Übersetzungen:
Englisch: Michael Meadows
Französisch: Mireille Patel

Printed in Germany

ISBN 3-921957-06-0

Titel:
Hannoversch-Münden · Bad Karlshafen · Bad Oeynhausen · Kaiser-Wilhelm-Denkmal · Hameln · Bad Pyrmont · Weser bei Daspe

Bild vorhergehende Doppelseite:
Die Weser bei Daspe

Picture on previous double page:
The Weser near Daspe

Photo de la page double précédente:
La Weser à Daspe

Die Ziffern hinter den Ortsnamen in dieser Karte entsprechen den Seitenzahlen in diesem Buch.

The numbers following the place names on this map correspond to the page numbers in this book.

Les chiffres qui suivent les noms des localités dans cette carte correspondent aux numéros des pages de ce livre.

Weserbergland

sagenhaft

Inhalt Seite

Unter Deutschlands Landschaften eine der schönsten, unter Deutschlands Flüssen einer der romantischsten, das ist das Weserbergland und die Weser zwischen Hannoversch Münden und der Domstadt Minden.
In vielen Windungen durchbricht der Fluß, der in Münden durch die Vereinigung von Werra und Fulda entsteht, die deutsche Mittelgebirgskette, um, immer breiter und behäbiger werdend, die flache norddeutsche Tiefebene zu durchströmen und bei Bremerhaven die Nordsee zu erreichen. Ihren größten Liebreiz entfaltet die Weser aber auf eben dem Stück, da sie ihren Weg zwischen Bramwald und Reinhardswald, zwischen Solling, Vogler, Ith, Süntel und Bückeberge einerseits und den Ausläufern des Eggegebirges, des Teutoburger Waldes und des Wiehengebirges andererseits, sucht, ihren Lauf wechselt und mal als stilles Wasser, mal im schnellen Lauf dahinfließt.
Es gibt wenige und vor allem keine großen Städte in diesem Land und das hat zur Folge, daß die Natur unberührter ist als anderswo. Abseits der größeren Straßen kommt man durch ausgedehnte Wälder, die Täler sind noch nicht zu Verkehrsmagistralen mißbraucht, und so nimmt es denn gar nicht wunder, daß auch die kleinen Städte Gesichter haben, Fachwerkgesichter zumeist, mit vielen Runzeln und einem stillen Lächeln, das von Merkwürdigem zu berichten weiß.
Es gibt viele Möglichkeiten, das Weserbergland zu erkunden: Wer nicht viel Zeit entbehren kann, wird das Auto benutzen, mehr vom Land hat derjenige, der sich einem Weserdampfer anvertraut, und richtig in alle Winkel schaut, wer sich eine Radtour leisten kann, denn je länger die Reise währt, desto mehr Gelegenheit ist zur Einkehr gegeben – und die sollte man in diesem Land nicht auslassen. Eine auf Schritt und Tritt anregende Landschaft, geschichtsträchtige Stätten, Kunstwerke und fröhliches Brauchtum, das vom Tanz um den Johannisbaum in Wahmbeck bis zum Osterräderlauf in Lügde reicht, das alles erwartet den Reisenden an Deutschlands längstem Fluß.

One of Germany's most beautiful landscapes, one of its most romantic rivers, Weserbergland and the Weser between Hannoversch Münden and the cathedral town of Minden.
The river, which begins in Münden where Werra and Fulda join together, winds its way across Germany's low mountain range and then, as it keeps getting broader and more stolid, flows through the flat, northern German lowland plain to reach the North Sea at Bremerhaven. The Weser unfolds its greatest charm, however, in the section where it makes its way between Bramwald and Reinhardswald, between Solling, Vogler, Ith, Süntel and Bückeberge, on the one hand, and the foothills of Eggegebirge, Teutoburger Wald and Wiehengebirge, on the other hand, changing its speed and sometimes flowing like a quiet stream, sometimes running in high gear.
There are few towns and no big cities in this region which means that nature is more unspoiled here than elsewhere. Away from big roads, one goes through expansive woods, the valleys have not yet been misused as traffic arteries and, therefore, it is no wonder that even the small towns have faces, mostly half-timbered faces, with many wrinkles and a quiet smile that has remarkable things to report.
There are many ways of exploring Weserbergland: Those who don't have much time to spare will get around by car, but you will get more out of it if you take a Weser steamer and really look into every nook and cranny, or if you go on a bike tour, for the longer the trip lasts, the more opportunity there is for a stop at a tavern along the way – and this should not be omitted in this region.
A landscape that is stimulating every step of the way, historical sites, works of art of European standing and merry customs ranging from the dance around the tree on Midsummer's Day in Wahmbeck to the Easter Fire-Wheel in Lügde, all of this awaits the traveller along Germany's longest river.

Le Weserbergland, c'est l'un des plus beaux paysages d'Allemagne et la Weser, entre Hannoversch Münden et Domstadt Minden, l'un des fleuves les plus romantiques de ce pays.
A Münden, la Fulda et la Werra s'unissent et forment alors la Weser. Ses nombreux méandres traversent les monts des Mittelgebirge et le fleuve, devenant toujours plus ample et nourri, coule dans la plaine d'Allemagne du Nord avant de se jeter dans la mer du Nord à Bremerhaven. La Weser déploie ses plus grand charmes, cependant, alors qu'elle se fraie un chemin entre Bramwald et Reinhardswald, entre Solling, Vogler, Ith, Süntel et Bückeberge d'une part et les contreforts des Eggegebirge, du Teutoburger Wald et des Wiehengebirge d'autre part. Son courant est tantôt rapide, tantôt lent et calme.
Il y a peu de villes et pas du tout de grande ville dans cette région; la nature y est donc plus intacte qu'ailleurs. A l'écart des grandes routes on trouve de vastes forêts. Les vallées ne sont pas empruntées par les grandes voies de communication, ainsi il n'est pas étonnant que les petites villes aient un visage – souvent à colombages – avec beaucoup de rides et un sourire tranquille qui parle de choses étranges.
On peut visiter cette région de bien des façons. Qui a peu de temps utilisera l'auto. Pourtant un voyage en bateau à vapeur permettra de mieux découvrir le pays. Ce sont les cyclistes, cependant, qui profiteront le plus de la région car, plus le voyage dure longtemps, plus l'on a d'occasions de se recueillir – et l'on ne devrait pas manquer de le faire ici. Un paysage qui réserve des surprises à chaque détour du chemin, des villes chargées d'histoire, des œuvres d'art de rang européen et des coutumes gaies comme la danse autour mât de la Saint-Jean a Wahmbeck ou la course des roues de Pâques à Lügde. Le voyageur trouvera tout ceci au bord du fleuve le plus long d'Allemagne.

Wo Werra sich und Fulda küssen ...

heißt der Vers, den man sich auf den Zusammenfluß der beiden großen Mittelgebirgsflüsse, die sich in Münden zur Weser vereinen, gemacht hat. Sie ist eine der schönsten, besterhaltensten Fachwerkstädte, was aber prachtvolle, repräsentative Steinbauten, wie das Rathaus, das um 1600 seine heutige Gestalt im Gewand der Weserrenaissance erhalten hat, nicht ausschließt. – Vor dem Rathaus erinnert jeden zweiten Sommersonntag das »Spiel vom Doktor Eisenbart« an den wohl bekanntesten Bewohner dieser Stadt, der sich nach einem unruhigen Leben nach Münden zurückzog und in dem Haus Langestraße Nr. 34 lebte und starb – ein Standbild erinnert dort an ihn, der so ganz anders gewesen sein soll als sein Ruf.

(Where Werra and Fulda kiss) according to the verse that was made up for the junction of the two large mountain rivers that unite to become the Weser in Münden. The latter is one of the most beautiful, best-preserved towns with half-timbered houses, which, however, does not exclude splendid, representative stone edifices, such as the Town Hall, which received its present design in Weser Renaissance style around 1600. Every second Sunday in summer the "Play about Doctor Eisenbart" in front of the Town Hall recalls probably the best known resident of this town who retired to Münden after a restless life and lived and died in the house at Langestraße No 34 – a statue there is a memorial to this man, who was supposed to be so very different from his reputation.

«Où la Werra et la Fulda s'embrassent» comme dit le vers que l'on a fait sur l'union, à Münden, les deux grands fleuves des Mittelgebirge formant la Weser. C'est l'une des villes à colombages parmi les plus belles et les mieux conservées, ce qui n'exclut pas les magnifiques et imposants édifices de pierre, comme l'hôtel de ville, construit vers 1600 dans le style de la Renaissance de la Weser. Devant l'hôtel de ville, chaque deuxième dimanche d'été, le «jeu du docteur Eisenbart» rappelle l'habitant le plus célèbre de la ville qui, après une vie mouvementée, se retira à Münden, vécut et mourut dans la maison no 34 de la Langestraße – une statue y rappelle la mémoire de cet homme qui aurait été si différent de sa réputation.

THERIAK
In diesem Hause
wirkte und starb
Doktor Eisenbarth.
Er war anders
als sein Ruf.

Nach kurzer Fahrt am Rande des Bramwald und entlang der jungen Weser erreicht man das vielleicht idyllischste Dorf der Oberweser: Bursfelde. Bekannt ist der Ort durch sein schon im 11. Jahrhundert gegründetes Kloster, das, als es schon kaum mehr lebensfähig war, den Anstoß zu einer der größten Reformbewegungen der mitteleuropäischen Klostergeschichte, der »Bursfelder Kongregation« gab. Sie vereinte in ihren besten Zeiten über 100 Klöster in neuer Zucht und Ordnung. Später wurde das Kloster evangelisch und als Pachtgut weitergeführt. So blieb die Klosterkirche, ein Kleinod romanischer Baukunst des 12. Jahrhunderts mit Fresken des 15. Jahrhunderts, erhalten. Zu den Besonderheiten der Kirche zählt, daß eine der Glocken der Domkirche von Königsberg in Ostpreußen ihren Weg hierher fand (Bild oben: Blick in die Klosterkirche).

After travelling a short time along the edge of Bramwald and along the young Weser, one reaches perhaps the most idyllic village of the Upper Weser: Bursfelde. The town is known because of its monastery, which was founded in the 11th century and, when it was hardly viable itself, initiated one of the greatest reform movement of central European monastery history, the "Bursfeld Congregation". At its high point it united over 100 monasteries under new law and order. Later the monastery became Protestant and was maintainted as a small-holding. Thus the monastery church, a gem of Romanic architecture of the 12th century with frescoes of the 15th century, remained intact. One of the special features of the church is that one of the bells of the Königsberg Cathedral Church in East Prussia found its way here (picture above with view into monastery church).

En suivant la jeune Weser, à la limite du Bramwald, l'on atteint bien vite l'un des villages les plus idylliques de la haute Weser: Bursfelde. Ce lieu est connu à cause de son monastère fondé dès le XIe siècle. Celui-ci, alors qu'il était lui-même près de l'extinction, donna l'impulsion à l'un des plus grands mouvements de réforme monastique d'Europe centrale, la «Congrégation de Bursfelde». Elle réunit, à son apogée, plus de cent communautés religieuses sous une nouvelle règle. Plus tard le monastère devint protestant et l'on continua à y pratiquer l'agriculture. L'église est un trésor d'architecture romane du XIIe siècle, avec des fresques du XVe siècle. L'une des attractions de cette église est la cloche fondue à Königsberg en Prusse orientale (photo ci-dessus, vue dans l'église du monastère).

Landschaftlich höchst wirkungsvoll liegt auf einem das Schwülmetal überragenden Sandsteinfelsen die Burg Adelebsen. Ihr Kern, ein fünfeckiger, neungeschossiger Bergfried mit der in Europa einmaligen Höhe von mehr als 38 m, mit Mauerstärken bis zu 4,30 m und einem Zugang in 4 m Höhe, stammt aus dem 14. Jahrhundert. Die angrenzenden Bauteile, so das Mosthaus und das Forsthaus, das Rentamt und die älteren Teile des »Tantenhauses« wurden zumeist im 17. und 18. Jahrhundert erneuert.

Adelebsen Castle is picturesquely located on a sandstone cliff overlooking the Schwülme valley. Its main structure, a five-sided nine-storey keep from the 14th century, is more than 124 ft. high, making it the tallest of its kind in Europe, with walls up to 14 ft. thick and an entrance 13 ft. high. Most of the adjoining structures, such as the Mosthaus (cider-press), Forester's Lodge, Audit Office and older parts of "Tantenhaus", were redone in the 17th and 18th centuries.

Le château de Adelebsen, situé sur un rocher de grès qui surplombe la vallée de la Schwülme est d'un fort bel effet. Sa partie centrale, un donjon pentagonal de neuf étages atteignant une hauteur unique en Europe de plus de 38 m, des murs d'une épaisseur allant jusqu'à 4,30 m et un accès situé à une hauteur de 4 m, remonte au 14ème siècle. Les constructions adjacentes, telles que le pressoir et la maison forestière, la maison de rapport et les parties les plus anciennes de la «Maison des tantes» ont été renouvelées pour la plupart aux 17 et 18ème siècles.

Der Reinhardswald – ein Märchenwald

Reinhardswald – Burgenwald. Unter den vielen Burgen und Burgruinen sind die Sababurg (Bild oben) und die Trendelburg (Bild rechts) nicht nur die größten, sondern auch die romantischsten.
Die zur Gemeinde Beberbeck gehörende Sababurg, im 14. Jahrhundert erbaut, war schon nach 100 Jahren verlassen, dann für den Landgrafen von Hessen zum Jagdschloß ausgebaut, wurde es im Dreißigjährigen Krieg

Reinhardswald, a castle forest. The many castles and castle ruins include Sababurg (picture above) and Trendelburg (picture on right), not only the largest but also the most romantic.
Located in the Beberbeck community, Sababurg Castle was built in the 14th century but abandoned after only 100 years. It was then enlarged as a hunting lodge for the Landgrave of Hesse. The castle was captured by imperial troops during the Thirty Year's War

Reinhardswald – Burgenwald. Parmi les nombreux châteaux forts le Sababurg (photo en haut) et le Trendelburg (photo à droite) ne sont pas seulement les plus grands ce sont aussi les plus romantiques.
Le château de Saba qui fait partie de la commune de Beberbeck, construit au 14ème siècle, était déjà abandonné 100 plus tard, puis aménagé comme château de chasse pour le landgrave de Hesse, il allait devenir une proie des

eine Beute der Kaiserlichen; danach verfiel die ursprünglich große Anlage abermals, bis sie, wenigstens in Teilen, wieder ausgebaut werden konnte. Heute ist hier wie in der Trendelburg ein Hotel eingerichtet. Die Ursprünge der letzteren reichen sogar in das 13. Jahrhundert zurück, die heute zu bewundernden Bauteile entstammen indes dem 15. bis 17. Jahrhundert. Beliebt ist auch ein Besuch in Deutschlands ältestem Tierpark: er wurde im 16. Jahrhundert von Landgraf Wilhelm IV. von Hessen angelegt.

and the large original structure again fell into disrepair. Certain sections of the castle were later restored. At present it serves as a hotel, as does Trendelburg Castle, whose origins date back to the 13th century; however, the only remaining parts of the castle were built between the 15th and 17th centuries. Another popular outing is a visit to Germany's oldest zoo, which was founded by Landgrave Wilhelm IV of Hesse in the 16th century.

partisans de l'empereur pendant la guerre de trente ans; Ensuite cet édifice, très grand à l'origine, devait à nouveau se délabrer avant d'être, du moins en partie, restauré. Aujourd'hui, un hôtel y est aménagé comme dans le cas du château de Trendel. Les origines de ce dernier remontent jusqu'au 13ème siècle, les parties de l'édifice que l'on peut admirer aujourd'hui datent toutefois du 15ème au 17ème siècle. Une visite au parc animalier le plus ancien d'Allemagne est aussi très appréciée; il a été agencé au 16ème siècle par le landgrave Guillaume IV de Hesse.

Die kleinen Dörfer und Städtchen, heute meist zu größeren Verwaltungseinheiten zusammengefaßt, liegen zwischen den waldreichen Hängen und der Weser, die sich bald durch ein breiteres Talbecken schlängelt, bald durch eine Enge hindurchzwängen muß. So liegen die schmucken Orte nah am Wasser, auf dem sich ein reger Verkehr entfaltet, sei es so nostalgischer Art wie die Floßpartie, die hier vor dem Rathaus von Gieselwerder angelangt ist (Bild oben) – das Flößen der Baumstämme war einst harter Berufsalltag an der Oberweser – oder mit einer der vielen Fähren, die den Fluß queren.

The small villages and towns, today mostly combined into larger administrative units, are situated between the wooded slopes and the Weser, which at times winds through a broad valley basin and other times must squeeze through a narrow passage. Thus the neat towns are located near the water, on which there is bustling traffic, whether of a nostalgic nature like the raft here in front of Gieselwerder's Town Hall (picture above) – building a raft out of logs was once part of the hard everyday life on the Upper Weser – or one of the many ferries that cross the river.

Les petites villes et villages qui forment aujourd'hui de plus grandes unités administratives sont blottis entre les pentes boisées et la Weser qui serpente tantôt dans une ample vallée et tantôt à travers un passage plus resserré. Ainsi les ravissants villages se trouvent près de l'eau sur laquelle a lieu une circulation intense – même si elle a parfois un caractère nostalgique comme cette partie de radeau parvenue devant l'hôtel de ville de Gieselwerder (photo ci-dessus) – le flottage des troncs d'arbres était jadis un dur métier dans cette région – ou une traversée avec l'un des nombreux bac.

An der Oberweser

Etwas „landeinwärts" hinter Lippoldsberg und Bodenfelde liegt das hübsche Fachwerkstädtchen Uslar, gegründet im 13. Jahrhundert, mit den Resten einer großen Burganlage des 16. Jahrhunderts und einem für diese Städte typischen, schmucken Fachwerkrathaus (Bild oben), dessen Dachreiter den Leuten immer kündete, was die Uhr geschlagen hat.
Von den Fachwerkhäusern stammen noch viele aus dem 16. und 17. Jahrhundert – sie bilden mit dem Wechsel zwischen heller Ausfachung und dunklem Balkenwerk das optische Gerüst dieser Stadt.

Somewhat "inland", after Lippoldsberg and Bodenfelde, is the lovely little half-timbered style town of Uslar, established in the 13th century, including the remains of a castle complex of the 16th century and a neat half-timbered Town Hall typical of these towns (in the picture above), whose roof turret always announced to the people what the time was.
Many of the half-timbered houses date back to the 16th and 17th centuries – with the contrast between dark beams and light plaster filling they form the optimal framework of this town.

Un peu «à l'intérieur», après Lippoldsberg et Bodenfelde, se trouve la jolie ville à colombages d'Uslar, fondée au XIIIe siècle. Elle abrite les ruines d'une grandiose forteresse du XVIe siècle et un coquet hôtel de ville à colombages, typique des villes de la région (photo ci-dessus). Son lanternon de croisée annonçait l'heure à la population. De nombreux colombages datent encore des XVIe et XVIIe siècles – l'alternance entre les poutres sombres et les surfaces claires constitue l'attrait optique de cette ville.

Vor der Weserschleife, also zwischen Gieselwerder und Bodenfelde, liegt der Ort Lippoldsberg mit der großen romanischen Klosterkirche. Das Kloster gründete einst, in der Mitte des 11. Jahrhunderts, der Mainzer Erzbischof Liupolds und daraus wurde dann Lippoldsberg. Die Benediktinerinnen waren gut ausgestattet: in 190 Ortschaften hatten sie Besitz, bezogen sie Einkünfte. Da kann man sich einen so stattlichen Bau, wie er heute noch hier steht, wohl leisten. Erbaut wurde die Kirche in der kurzen Zeit von 1140–50 als eine dreischiffige gewölbte

Before the Weser loop, that is, between Gieselwerder and Bodenfelde, lies the town of Lippoldsberg with the large Romanic convent church. The convent was founded by Mainz Archbishop Liupold in the middle of the 11th century and this was then the beginning of Lippoldsberg. The Benedictine nuns were well off: they had property and income in 190 towns. They could thus afford such a magnificent edifice as the one standing here today. The church was constructed in the short time between 1140–50 as a three-nave vaulted, buttressed basilica, as one can also see

Avant la boucle de la Weser, c'est-à-dire entre Gieselwerder et Bodenfelde, se trouve Lippoldsberg avec la grande église abbatiale romane. Ce monastère fut fondé au milieu de XIe siècle par l'archevêque de Mayence Liupold d'où le nom de Lippoldsberg. Les bénédictines étaient bien nanties. Elles avaient des biens dans 190 lieux dont elles tiraient des revenus. On peut alors s'offrir un édifice aussi imposant que celui qui se dresse encore ici. L'église fut construite en peu de temps, de 1140 à 1150. C'est une basilique à trois nefs voûtée

Pfeilerbasilika, wie sie auch in Bursfelde anzutreffen ist. Ursprünglich hatte die Kirche von Lippoldsberg ebenfalls zwei Türme, doch der eine ging verloren und der andere wurde im Barock neu „behelmt". – Nur selten sieht man, wie die Emporen für die Nonnen in die Kirchen hineingestellt waren. Hier wurde eine ausgedehnte Bühne in die Mitte des Westbaues und das erste Joch des Mittelschiffs gestellt, die den Raum darunter (Bild oben) wie eine Krypta erscheinen läßt.

in Bursfelde. Originally the Lippoldsberg church had two towers as well, but one was lost and the other was given a new "top" in baroque style. Only rarely does one see how the galleries were installed in the churches for the nuns. Here an extended stage was placed in the middle of the west section and in the first bay of the central nave which made the room underneath (in the picture above) appear like a crypt.

comme celle de Bursfelde. A l'origine, l'église de Lippoldsberg avait, elle aussi, deux tours. L'une d'elles fut détruite et l'autre surmontée à l'époque baroque d'un nouveau dôme. Il est rare de voir comment les galeries pour les nonnes étaient disposées dans les églises. Ici fut construite une vaste scène dans le milieu du bâtiment est et de la première section de la nef centrale. La salle aménagée dessous, (photo ci-dessus) ressemble à une crypte.

Beverungen, im Dreiländereck zwischen Hessen und Niedersachsen in Nordrhein-Westfalen gelegen, ist mit seiner malerischen Uferpartie eins der reizvollen Fachwerkstädtchen an der Weser. Hier, wo die Bever in die Weser mündet, und wo eine wild- und waldreiche Umgebung zu ausgedehnten Wanderungen einlädt, hatte schon Karl der Große vor 1200 Jahren sein Winterlager „Heristallum Saxonicum" aufgeschlagen. Mit seinen 16 eingemeindeten Dörfern zählt die Stadt heute 16000 Einwohner.
Im Bild das Cordt-Holstein-Haus in Beverungen.

Beverungen, situated in the three-state section between Hessen and Lower Saxony in North-Rhine Westphalia, with its picturesque river banks is one of the most charming towns of half-timberd houses on the Weser. Here, where the Bever meets the Weser and where the surroundings are rich in wild game and woods and thus inviting for extended hikes, is where Charlemagne set up his winter camp "Heristallum Saxonicum" 1200 years ago. With its 16 incorporated villages the town now numbers 16,000 inhabitants. In the picture the Cordt-Holstein House in Beverungen.

Beverungen, située en Nord-Rhénanie-Westphalie, dans le triangle entre la Hesse et la Basse-Saxe, est l'une des villes à colombages parmi les plus attrayantes de la Weser.
A l'endroit où la Bever se jette dans la Weser et dans cette région riche en forêts et en gibier, Charlemagne avait déjà établi, il y a 1200 ans, ses quartiers d'hiver «Heristallum Saxonicum». Avec l'agglomération de 16 villages, la ville compte aujourd'hui 16000 habitants. Dans la photo la Cordt-Holstein-Haus à Beverungen.

Dreiländerfahrt bei Karlshafen

Bei Bad Karlshafen treffen die Grenzen von drei Bundesländern, nämlich von Hessen, Niedersachsen und Nordrhein-Westfalen aufeinander – kurz hinter der Hugenottenstadt, auf dem rechten Flußufer, gibt es sogar einen „Dreiländerblick".
Die Weser, die auf der ganzen Strecke mit flachgehenden Schiffen befahrbar ist, macht vor Bad Karlshafen zuerst einen weiten Bogen um einen flachen Talrücken, an dessen Rand sich viele Camper niedergelassen haben (Bild oben), um nach einem engen Durchstich das weite Tal bei Karlshafen zu erreichen.

The borders of three federal states, i.e. Hessen, Lower Saxony and North-Rhine Westphalia, meet near Bad Karlshafen – on the right bank of the river there is even a "three-state view". Before reaching Bad Karlshafen, the Weser, which is navigable with flat-bottomed ships along the entire section, first makes a big bend around a flat valley ridge, on the edge of which many campers have entrenched themselves (in picture above) in order to first get through a narrow passage before reaching the expansive valley near Karlshafen.

Près de Bad Karlshafen se rencontrent les frontières de trois lands, c'est-à-dire de Hesse, de Basse-Saxe et de Westphalie. Juste derrière la ville des huguenots, sur la rive droite du fleuve, il y a même une «vue des trois lands»
La Weser qui est navigable avec des bateaux plats fait d'abord une large courbe autour d'un massif au bord duquel beaucoup de campeurs se sont installés (photo ci-dessus) puis elle traverse une passe étroite pour déboucher dans la large vallée près de Karlshafen.

CARL
LANDGRAF zu HESSEN

Bad Karlshafen ist eine planmäßig angelegte Stadt, gegründet von Landgraf Carl von Hessen-Cassel, um die vom Sonnenkönig Ludwig XIV. vertriebenen Hugenotten anzusiedeln. Dahinter standen handfeste wirtschaftliche Pläne: ein Hafen wurde gebaut, um den Handel von Hannoversch Münden abzulenken, ein Kanal sollte folgen. Zwar erfüllten sich nicht alle Träume, aber die Stadt wuchs dank des ungewöhnlichen Gewerbefleißes seiner Neusiedler. – Im Bild links das repräsentative Rathaus am ehemaligen Hafenbecken. Ein Stück weiter flußabwärts liegt Schloß Wehrden, um 1700 erbaut, in dem die Dichterin Annette von Droste-Hülshoff gern weilte.

Bad Karlshafen is a town whose layout was planned and it was founded by Landgrave Carl von Hessen-Cassel as a settlement for the Huguenots driven out by Sun King Louis XIV. Well-defined economic plans were behind it all: a harbor was built to divert trade from Hannoversch Münden, a canal was to follow. All these dreams were not fulfilled, but the town grew thanks to the extraordinary industriousness of its new settlers. In the picture on the left the representative Town Hall at the former harbor basin. A little further upstream one comes to Schloß Wehrden, built around 1700, in which the poet, Annette von Droste-Hülshoff, liked to stay.

Bad Karlshafen, fondée par le comte Carl von Hessen-Cassel, a été tracée selon un plan préétabli afin d'accueillir les huguenots chassés par le Roi Soleil Louis XIV. On avait des plans économiques bien concrets: on construisit un port pour détourner le commerce d'Hannoversch Münden, un canal devait suivre. Tous les rêves ne furent certes pas réalisés mais la ville grandit grâce à l'esprit industrieux peu commun des nouveaux venus. Dans la photo, l'imposant hôtel de ville sur l'ancien bassin portuaire. Un peu plus bas se trouve le château de Wehrden, bâti vers 1700. La poétesse Annette de Droste-Hülshoff y séjournait volontiers.

Nur wenig nördlich erhebt sich das weiße Schloß Fürstenberg über den grünen Hängen. Dort errichtete 1747 einer der braunschweigischen Herzöge eine Porzellanmanufaktur. Ein Konkurrenzunternehmen zu Meißen. Das „Fürstenberger" mit dem blauen „F" besteht noch heute und wird gern gesammelt.
Von der Höhe des Schlosses hat man einen herrlichen Blick über das Tal der Weser auf die westfälische Berglandschaft (Bild oben).

The white walls of Fürstenberg Palace, slightly to the north, rise up over the green slopes. One of the Braunschweig dukes built a porcelain factory there in 1747. A competitor of Meißen. "Fürstenberger" with the blue "F" still exists today and is often collected. From the elevated location of the palace one has a marvelous view over the valley of the Weser and of the Westphalian mountain landscape (picture above).

Un peu plus au nord, se dresse le blanc château de Fürstenberg, au-dessus des pentes vertes. En 1747, l'un des ducs de Braunschweig fonda une manufacture de porcelaine faisant concurrence à Meißen. La «Fürstenberger» avec le «F» bleu existe encore de nos jours et est recherchée des collectionneurs. Du haut du château l'on a une vue magnifique, par-delà la vallée de la Weser, sur le paysage montagneux de Westphalie (photo ci-dessus).

Inmitten der Wälder des Solling, ein gutes Stück abseits des Flusses und östlich Fürstenbergs, liegt der Ort Neuhaus mit einem Jagdschloß, in welchem private Ausstellungen stattfinden. – Der jetzt ganz geschlossen erscheinende Ort bestand bis vor nicht allzu langer Zeit aus drei Dörfern, von denen jedes seinen Bürgermeister, seinen Gemeinderat, seinen Pfarrer hatte ... da hat sich die Zusammenlegung gelohnt.
Viele Besucher zieht auch der Wildpark an, wo man von Hochsitzen aus Rot-, Schwarz-, Dam- und Rehwild beobachten kann. Nicht weit davon liegt, durch eine Mauer abgetrennt, das Gestüt Neuhaus, in dem sich Trakehner tummeln.

In the middle of the Solling woods, a good distance from the river and east of Fürstenberg, lies the town of Neuhaus with a hunting lodge in which private exhibitions are held. The town with its now very unified appearance consisted not long ago of three villages, each of which had its own mayor, its own council, its own parish priest ... the merger was thus worthwhile.
Many visitors are also attracted by the wild animal park where one can observe red deer, wild boar, fallow deer and roedeer from raised platforms. The Neuhaus Stud Farm, separated by a wall, is located not far away. Trakehner horses romp about here.

Au milieu des forêts du Solling, à l'écart du fleuve et à l'est de Fürstenberg, se trouve Neuhaus et son château de chasse dans lequel ont lieu des expositions privées. Cette ville qui présente un aspect homogène, était composée, il n'y a pas très longtemps, de trois villages dont chacun avait son maire, son conseil municipal et son curé ... Cette fusion en valait donc la peine.
Le parc avec ses animaux sauvages attire aussi beaucoup de visiteurs. Assis en hauteur, on peut observer les cerfs, les sangliers, les chevreuils et les daims. Près de là, séparée par un mur, se trouve un haras où s'ébattent des «Trakehner».

Die Herde, 1944/45 auf der Flucht vor der sowjet. Armee, aus Ostpreußen, dem Stammsitz, kommend, wurde geteilt. Ein Teil ging nach Marbach, der Rest nach Neuhaus.

Höxter und die Reichsabtei Corvey

Höxter ist eine der Perlen des Weserstroms. Entstanden ist es als eine von dem bedeutenden Reichskloster Corvey abhängige Klostersiedlung, die sich im 13. Jahrhundert zwar zeitweilig von diesen Bindungen freimachen konnte, aber immer, auch heute noch, mit dem Kloster in einem Atemzug genannt wird. – Das Stadtbild wird geprägt von viel Fachwerk. Im Bild oben das Rathaus.
x) Corvey, das direkt vor der Stadt liegt, wurde 822 auf Geheiß Ludwigs des Frommen gegründet und besitzt eine der monumentalsten karolingischen Kirchen Deutschlands. – Das Kloster bestand bis 1803; noch in seinen letzten Jahrzehnten entstanden die schloßartigen Konventsgebäude, die heute zu besichtigen sind – im Bild links der Kaisersaal.

Höxter is one of the gems along the Weser. It came into being as a monastery settlement dependent on the imperial monastery of Corvey; although it was intermittently able to free itself from these ties in the 13th century, it was and is always mentioned in the same breath as the monastery. The town panorama is again characterized by half-timbered architecture – in the picture above the Town Hall.
Corvey, situated directly outside of the town, was founded at the bequest of Ludwig the Devout in 822 and possesses one of the most monumental Carolingian churches in Germany. The convent existed until 1803; the palace-like convent buildings were constructed during its final decades and can be viewed today – in the picture on the left the Kaiser Room.

Höxter est l'une des perles de la Weser. Ce cloître était une fondation indépendante du monastère impérial de Corvey. Au XIIIe siècle, il pavint à se libérer temporairement de ces liens mais, encore aujourd'hui, il est associé dans les esprits à ce monastère. Ce sont, encore une fois, les colombages qui caractérisent la ville – dans la photo ci-dessus l'hôtel de ville.
Corvey, situé juste à l'extérieur de la ville, fut fondé en 822 sur la requête de Louis le Pieux et possède l'église carolingienne la plus monumentale d'Allemagne. Le monastère maintint ses fonctions jusqu'en 1803. Dans les dernières décennies furent construits les bâtiments du couvent au caractère de forteresse. Ils sont ouverts au public – dans la photo à gauche la salle de l'empereur.

x) Weltkulturerbe

x) Hier war Hoffmann v. Fallersleben, der Dichter des Deutschland-Liedes, einige Jahre als Bibliothekar tätig.

Holzminden – Einfallstor zum Vogler

Von Höxter aus ist es nur ein „Sprung" nach Holzminden, nämlich der Sprung über die Weser und von da führt die B 64 direkt in den „Vogler", einem waldreichen Gebirgsrücken, der den Lauf der Weser begleitet.
In Holzminden befinden wir uns in einer dieser reizenden Fachwerkstädte, deren Baubestand des 17. und 18. Jahrhunderts unsere Bewunderung erregt. Hier besticht die Einheitlichkeit des Stadtbildes (Bild rechts).
Bevern ist eines der Münchhausen-Schlösser (Bild oben), denen man auf einer Weser-Reise begegnet. Es wurde 1603–1612 im Stil der Weserrenaissance mit vielen Giebeln und einem bezaubernden Innenhof erbaut. – Im Chor der Kirche von Bevern findet man die Grabsteine des Bauherrn Statius von Münchhausen und seiner Frau.

From Höxter it's only a "hop, skip and a jump" to Holzminden, the jump being across the Weser and from there highway B 64 takes you directly to "Vogler", a wooded mountain ridge that follows the course of the Weser.
In Holzminden we are again in one of these charming towns with half-timbered houses of the 17th and 18th centuries that arouse our admiration. The unified appearance of the townscape here is striking (picture on right).
Bevern is one of the Münchhausen palaces (picture above) that one encounters on such a trip along the Weser. It was built from 1603–12 in Weser Renaissance style with many gables and a captivating inner courtyard. In the choir of Bevern's church one finds the tombstones of builder Statius von Münchhausen and his wife.

Holzminden n'est qu'à un «saut» de Höxter – un saut par-dessus la Weser. De là, la B 64 conduit directement dans le «Vogler», une chaîne montagneuse et rocheuse riche en forêts qui accompagne le cours de la Weser.
Holzminden est une ville à colombages des plus charmantes. La plupart des constructions datend des XVII et XVIIIe siècles. L'harmonie de l'ensemble suscite notre admiration (photo à droite).
Bevern est l'un des châteaux de Münchhausen (photo ci-dessus) que l'on trouve sur son chemin au cours d'un tel voyage. Il fut construit de 1603 à 1612 dans le style de la Renaissance de la Weser. Dans le chœur de l'église de Bevern se trouve la pierre tombale de Statius von Münchhausen et de sa femme.

später Eigentum der Herzöge von Braunschweig.
Von hier stammt die Ehefrau von Friedrich d. Großen.

Alt Holzminden
Herforder
Pils
Lücke
Teiwes
QUELLE

Golmbach-Warbsen: So sahen früher die Dörfer im Weserbergland aus. Die zur Straße giebelständigen Häuser mit einfach gerastertem Fachwerk waren typisch für das holzreiche Land. Die ältesten Häuser in Warbsen stammen noch aus dem 16. Jahrhundert, was für Fachwerke ein hohes Alter ist (Bild oben).
Nur wenige Kilometer trennen diese dörfliche Welt von der kleinstädtischen von Stadtoldendorf, das im

Golmbach – Warbsen: This is what the villages used to look like in Weserbergland. The houses with gables facing the street and with simple half-timbered design were typical of the very wooded region. The oldest houses in Warbsen date from the 16th century, which is old for half-timbered edifices (picture above).
Just a few kilometers separate this village world from the small town of Stadtoldendorf, which was established

Golmbach – Warbsen: c'est ainsi qu'étaient les villages du Weserbergland d'autrefois. Les maisons avec pignon sur rue et colombages très simples étaient typiques de cette région riche en bois. Les plus vieilles maisons à Warbsen datent du XVIe siècle, ce qui est très vieux pour des colombages (photo ci-dessus).
Peu de kilomètres séparent ce monde villageois de l'atmosphère de petite ville de Stadtoldendorf. Elle fut fon-

13. Jahrhundert gegründet, bereits im 14. Jahrhundert seine Blüte erreichte und dann über Jahrhunderte hinweg als Ackerbürgerstadt ein eher geruhsames Dasein führte (Bild oben).
Von der Ruine der Homburg, errichtet im 12. Jahrhundert von den Grafen von Northeim und seit dem 16. Jahrhundert unbewohnt und als Steinbruch genutzt, hat man einen schönen Blick auf die Stadt.

in the 13th century, reached its golden age in the 14th century and then led a rather quiet life as an agricultural, middle-class town for centuries (picture above).
In front of the Homburg ruins, built by the counts von Northeim in the 12th century and unoccupied and used as a quarry since the 16th century, one has a beautiful view of the town.

dée au XIIIe siècle, atteint son apogée au XIVe et mena l'existence paisible d'une ville de paysans citadins pendant les siècles qui suivirent (photo en haut).
La forteresse de Homburg fut construite au XIIe siècle par les comtes de Northeim. Elle est inhabitée depuis le XVIe siècle et sert de carrière. De ses ruines l'on a une belle vue sur la ville.

Vor Stadtoldendorf liegt inmitten einer Waldlichtung auf dem Odfeld das Zisterzienserkloster Amelungsborn. Gegründet im 12. Jahrhundert, ist es neben Walkenried im Harz das älteste der niedersächsischen Klöster dieses Ordens und als Mutterkloster von Doberan in Mecklenburg hat es auch Anteil an der Erschließung des Ostens.
Die Klosteranlage von Amelungsborn ist noch gut erhalten, und seit 1960 gibt es auch wieder einen evangelischen Abt und Konvent. Herzstück des Klosters ist nach wie vor die Kirche, die 1150 als kreuzförmige, flachgedeckte Basilika gebaut wurde; dieser romanische Bau erhielt gegen 1250 einen frühgotischen Chor, der nun bruchlos mit dem älteren Bau zusammengeht.
Im Bild links die Klosterkirche von außen, oben der Blick in den Chor.

The Cistercian Convent of Amelungsborn is situated outside of Stadtoldendorf in the middle of a forest clearing on Odfeld. Founded in the 12th century, it is along with Walkenried in Harz the oldest convent of this order in Lower Saxony, and as mother convent of Doberan in Mecklenburg it also played a part in the opening up of the East.
The convent grounds of Amelungsborn are still well preserved and there has been a Protestant abbey and convent again since 1960. The heart of the convent is still the church, which was built 1150 as a cross-shaped, flat-roof basilica; around 1250 this Romanic edifice received an early Gothic choir, which now joins smoothly with the older structure.
In the picture on the left the convent from the outside, above the view into the choir.

Avant Stadtoldendorf, sur l'Odfeld et situé dans une clairière, se trouve le monastère cistercien d'Amelungsborn. Fondé au XIIe siècle, c'est, avec Walkenried dans le Harz, le plus vieux monastère cistercien de Basse-Saxe. En tant que maison mère de Doberan dans le Mecklenburg, il a contribué à la christianisation de l'est.
Les bâtiments d'Amelungsborn sont bien conservés et, depuis 1960, s'y trouvent, de nouveau, un abbé protestant et un couvent. L'église forme comme autrefois le cœur du complexe. Cette basilique à toit plat et en forme de croix fut construite en 1150; l'édifice roman fut doté vers 1250 d'un chœur gothique qui s'intègre très bien dans la vieille construction.
Dans la photo à gauche, l'église du cloître vue de l'extérieur.
Ci-dessus, vue du chœur.

Der „Naturpark Solling-Vogler", der, 1963 gegründet, das Land vor weiterer Zersiedlung schützen soll, ist zu jeder Jahreszeit reich an landschaftlichen Reizen. Viele Spazierwege führen über die Kuppen, durch die Täler eines Landes, das sich hier und da als „Schweiz" bezeichnet, das schöne Buntsandsteinlager besitzt, und mit tief eingekerbten Tälern, schroffen Felsköpfen und flachen Mulden dem Wanderer immer wieder ein neues Gesicht zeigt.

"Naturpark Solling-Vogler", founded in 1963 and intended to protect the region from further overdevelopment, is rich in scenic attractions in every season. Many paths run over hilltops, through valleys of a region designated here and there as "Switzerland", possessing beautiful mottled sandstone deposits and with deeply carved valleys, precipitous clifftops and flat hollows always putting on a new face for hikers.

Le «Parc Naturel de Solling-Vogler», fondé en 1963 pour la protection de la nature, offre, en chaque saison, des paysages attrayants. De nombreux chemins de randonnées conduisent par monts et par vaux dans cette région que l'on qualifie, ici et là de «Suisse». Avec ses beaux bancs de grès coloré, ses vallées profondément encaissées, ses rochers escarpés et ses cuvettes plates, elle offre au visiteur un aspect toujours nouveau.

Ausflug ins Lipperland

Der „Köterberg“ liegt links der Weser im früheren Fürstentum und heutigen Kreis Lippe, noch bevor man den halben Weg von Höxter nach Bad Pyrmont zurückgelegt hat. Wegen seiner Höhe von rund 500 Metern und der weiten Rundsicht, die man an schönen Tagen hat – aber auch diesige Tage, an denen der Nebel in den Tälern liegt, haben ihren Reiz – wird er im Volksmund gern als der „Brocken des Weserberglandes“ bezeichnet. Er lädt ein mit einem gemütlichen Berghotel und, sofern es in den Mittelgebirgen schneit, idealen Wintersportmöglichkeiten, zumal er gut erschlossen ist und mit seinem Fernmeldeturm schon von Ferne dem Fremden den Weg weist. (Bild oben: Blick vom Köterberg in das Lipperland).

One reaches “Köterberg” on the left of the Weser in the former principality and present district of Lippe even before going halfway from Höxter to Bad Pyrmont. Because of its elevation of roughly 500 meters and the expansive panoramic view on beautiful days – though even hazy days when fog lies over the valleys have their charm – it is popularly called the “highest peak in Weserbergland”. It is an inviting spot with a cosy mountain hotel and, as long as there is snow, ideal winter sport conditions, especially since it is well developed and shows strangers the way from afar with its television tower. (Picture above: view from Köterberg onto Lipperland)

Le «Köterberg» se trouve à gauche de la Weser dans l’ancien duché, aujourd’hui district de Lippe. Il est situé à peu près à mis chemin entre Höxter et Bad Pyrmont. A cause de son altitude d’environ 500 m et de la belle vue qu’on en a par beau temps – les jours de brume ont aussi leur charme, lorsque celle-ci s’accroche aux vallées – on le nomme, en langage populaire, «le pic du Weserbergland». On y trouve un petit hôtel accueillant et, lorsqu’il neige dans les Mittelgebirge, les conditions de sport d’hiver sont idéales. Il est facilement accessible et sa tour de télécommunications montre de loin le chemin (photo ci-dessus: vue du Köterberg dans le Lipperland).

Vom Köterberg ist es dann nicht mehr weit bis Schieder-Schwalenberg, dem hübschen Fachwerkstädtchen auf dem Wege von Höxter nach Detmold. Das Rathaus (Bildmitte oben) ist ein ganz besonderes Juwel in dieser Fachwerklandschaft. Es besteht aus dem Hauptbau von 1579 mit der dreibogigen Laube, die als Verkaufshalle gedient hat und dem Bürgersaal darüber sowie einem Anbau von 1603, der eine vierte Laube hinzufügte und vor allen Dingen eine kleine heizbare Stube für die ehrbaren Ratsherren. – 1907 wurde das Rathaus dann nochmals erweitert. – Und was gibt es sonst zu sehen? Vorbei am Volkwinbrunnen kommt man zu der auf einer hohen Terrasse gelegenen St. Johanniskirche, von der aus man einen schönen Blick über das Land hat, und überall trifft man auf schönes, liebevoll gepflegtes Fachwerk, mit viel Schnitzwerk.

From Köterberg it is not very far to Schieder-Schwalenberg, the little town of half-timbered houses on the way from Höxter to Detmold. The Town Hall (center of picture above) is a very special gem in this half-timbered townscape. It consists of the main building from 1579 with the three-arch arbour, which served as a sales hall, and the Burgher Room above it as well as an annex dating from 1603, which added a fourth arbour and above all a small heated room for the venerable councilmen. Im 1907 the ensemble was then expanded again. And what else is there to see? After going past Volkwin Fountain, one comes to St. Johannis Church, situated on a high terrace and from which one has a lovely view over the region; and one encounters everywhere beautiful, lovingly preserved half-timbered edifices with much carving work.

Du Köterberg on arrive bientôt à Schieder-Schwalenberg, la jolie ville à colombages sur le chemin de Höxter à Detmold. L'hôtel de ville, au centre de la photo, en haut, est un bijou très spécial dans ce paysage de colombages. Il est constitué par un édifice principal datant de 1579 avec un rinceau à trois arches qui servait jadis de hall de marché, d'une salle des bourgeois au-dessus et d'une annexe, contenant une pièce pouvant être chauffée pour les honorables membres du conseil. En 1907 cet ensemble fut encore agrandi. – Et qu'y a-t-il encore à voir ici? En passant devant le Volkwinbrunnen, on arrive à l'église St. Johannis, située sur une haute terrace de laquelle on a une belle vue sur la région. Partout il y a de belles maisons à colombages et ornements sculptés, entretenues avec beaucoup d'amour.

Bei Schieder wurde die Emmer aufgestaut und so, neben dem Hochwasserschutz, eine ganze Erholungslandschaft gewonnen. Die Gesamtlänge des Sees beträgt fast 3500 Meter bei einer Breite von 150 bis 500 Metern, woran man erkennt, wie bewegt das Wiesental der Emmer ist. Hier nun ist jede Art von Wassersport oder Wasservergnügen möglich: Rudern, Paddeln, Segeln und Surfen und natürlich auch Schwimmen – und wen es nicht mehr im Wasser hält, der kann laufen oder sich sonnen oder er besucht eine der drei Gaststätten.

Near Schieder the Emmer was dammed up, thus not only provided flood protection but also an entire recreational landscape. The total length of the lake is almost 3500 meters with a width of 150 to 500 meters, which shows us how uneven the shoreline of the Emmer Valley is. Here every kind of water sport or water enjoyment is possible: rowing, canoeing, sailing and wind-surfing and, of course, swimming, too – and those who can no longer be enticed by the water can run or lie in the sun or pay a visit to one of the three restaurants.

Près de Schieder on a fait un barrage sur l'Emmer et transformé ce lac en un lieu de détente. Le lac mesure près de 3500 mètres et sa largeur varie entre 150 et 500 mètres, ce à quoi l'on reconnaît combien le paysage de la vallée de l'Emmer est mouvementé. Ici l'on peut pratiquer n'importe quelle sorte de sport aquatique: la rame, la pagaie, la voile, le surf et, bien sûr, la nage. Qui en a assez de l'eau peut courir, prendre des bains de soleil ou se rendre à l'une des trois auberges du lieu.

Von Polle nach Bodenwerder

Das Land um Polle und Bodenwerder war das Land derer von Everstein und Münchhausen, wobei es die letzteren dank ihres Lügenbarons zu weltweiter Berühmtheit gebracht haben. Die Eversteiner hatten aber mit der Burganlage in Polle, die mit ihren fünf Vorhöfen und einem mächtigen Bergfried eine der größten im Lande war, und, was die Schiffer auf der Weser am meisten ärgerte, mit dem Recht, zu

The region around Polle and Bodenwerder was the land of those from Everstein and Münchhausen; the latter attained worldwide fame thanks to the tall stories surrounding their baron. The people of Everstein, however, also carved a niche into the history of the region with the castle complex in Polle which was one of the largest in the region, including five forecourts and a massive keep; they also had the right to

Les Everstein et les Münchhausen étaient natifs de la région autour de Polle et Bodenwerder. Les Münchhausen doivent leur célébrité à leur baron menteur. Les Everstein laissèrent aussi leur marque sur l'histoire du pays. Leur forteresse de Polle avec ses cinq parvis et son puissant donjon était l'une des plus grandes du pays. Ils prélevaient aussi des droits de douane au pied de leur château – ce

Füßen der Burg Zoll zu erheben, auch ihre Geschichte in das Land eingegraben. Diese für uneinnehmbar gehaltene Burg eroberten die Welfen im Jahre 1408 – ein guter Zoll war immer ein Streit wert – und verloren sie im Dreißigjährigen Krieg erst gegen Tilly, dann gegen die Schweden, die die Festung zerstörten. Es blieb aber eine eindrucksvolle Ruine, die überall, einschließlich des Bergfried, gut zugänglich und Schauplatz sommerlicher Festspiele ist. Die Bilder: Ort und Burg Polle.

collect a toll at the foot of the castle, which annoyed the barge captains on the Weser the most. This castle, which was considered impregnable, was conquered by the Guelphs in 1408 who lost it during the Thirty Years' War first against Tilly, then against the Swedes, who destroyed the fortress. However, it remained impressive, even as ruins that are easily accessible everywhere, including the keep, and are the setting for festivals during the summer. In the picture: town and castle of Polle.

qui déplaisait particulièrement aux bateliers de la Weser. Cette forteresse qui était considérée comme imprenable tomba aux mains des Guèlfes en 1408 – un bon péage valait toujours une dispute – elle fut prise pendant la guerre de Trente Ans par Tilly puis par les Suédois qui la démantelèrent. Il en reste une ruine très imposante. On peut accéder partout, même au donjon et un festival d'été y a lieu. Dans la photo: le village et la forteresse de Polle.

Stimmungsvoll ist die Landschaft, ob man sich eng an die Wesertalstraße B 83 oder die Deutsche Märchenstraße hält oder einmal eine der vielen Schleifen, die der Fluß macht, kürzt, wie hier der Weg von Brevörde nach Ottenstein und weiter nach Bodenwerder. In Brevörde, das etwas unterhalb von Polle an der Weser liegt, wurde früher Kalk gebrannt und weithin gehandelt, so auch nach Minden zum Bau der Festung.

The countryside is idyllic whether one keeps to the Weser Valley road, B 83, or Germany's "Märchenstraße" ("Fairy Tale Route") or takes a shortcut at one of the many loops that the river makes, such as here along the way from Brevörde to Ottenstein and on to Bodenwerder. In Brevörde, situated slightly outside of Polle on the Weser, lime used to be slaked and widely traded, also to Minden for the construction of the fortress.

Le paysage est évocateur, que l'on suive la vallée de la Weser et la route B 83, la route des contes de fées ou que l'on prenne un raccourci à travers les nombreux méandres que fait le fleuve, comme sur le chemin de Brevörde à Ottenstein et plus loin à Bodenwerder. A Brevörde qui est situé sur la Weser, un peu plus bas que Polle, l'on fabriquait autrefois la chaux que l'on vendait au loin, comme à Minden pour l'édification de la forteresse.

Winterstimmung vor Ottenstein, auf der „Höhe" eines Bergrückens, den die Weser in weitem Bogen umfließt. Hier läßt es sich gut wandern und die Gegensätze zwischen der Flußlandschaft, den Tälern und der Hochfläche studieren und so manche kulturhistorische Besonderheit kennenlernen. Wer z.B. kennt die romanische Kirche des Dorfes Haddenhusen – heute Hatten genannt – mit seinem Kirchhof, auf dem ein christlicher, freigelassener Negersklave seine letzte Ruhe fand ...

Winter atmosphere outside of Ottenstein, at the "top" of a ridge, around which the Weser follows in a wide bend. This is a good area for hiking and studying the contrasts between the river landscape, valleys and plateaus and getting to know cultural-historical features or curiosities. Who, for example, is familiar with the Romanic church of the village of Haddenhusen – called Hatten today – with its church courtyard where a freed Christian Negro slave was laid to rest ...

Atmosphère hivernale devant Ottenstein, sur un massif que la Weser contourne d'une large boucle. L'on peut y faire de belles randonnées, étudier les contrastes entre le paysage fluvial, les vallées latérales et le plateau ou découvrir bien des curiosités – qui connaît, par exemple, l'église romane du village abandonné de Haddenhusen – appelé aujourd'hui Hatten – avec son cimetière dans lequel un esclave noir libéré a trouvé son dernier repos?

Bei Brevörde ist von »Bergland« kaum etwas zu spüren. Fast behäbig gleitet der Fluß in großen Kurven dahin, die Höhenzüge des Vogeler am rechten Flußufer und der Ottensteiner Hochfläche zur linken halten weiten Abstand, so als wollten sie dem Fluß eine Verschnaufpause gönnen vor dem Durchbruch in die Norddeutsche Tiefebene. Die Landwirtschaft erscheint hier noch nicht so technisiert, der Tierbestand so rationalisiert wie in anderen Gegenden – hier gibts eben noch freilaufende Ziegen und Gänse.

The hilly country so typical of Weserbergland is hardly noticeable at Brevörde. Here the river sedately glides along in wide curves. The Vogeler Mountains on the right bank of the river and the Ottenstein plateau on the left are set well back from the river, as if giving it a breather before it flows into the lowlands of northern Germany. Agriculture and livestock management do not seem to be as mechanized as in other regions: here you can still find goats and geese in open fields.

Aux environs de Brevörde on s'aperçoit à peine que l'on se trouve dans le »Bergland«. Le fleuve s'écoule passivement dans de grands méandres, les hauteurs du Vogeler sur la rive droite et le plateau de Ottenstein sur la rive gauche sont à bonne distance comme s'ils voulaient laisser le fleuve souffler un peu avant qu'il ne traverse la plaine d'Allemagne du Nord. L'agriculture ne semble pas encore aussi industrialisée, l'élevage pas aussi rationalisé que dans les autres régions – ici il y a encore des chèvres et des oies tenues en toute liberté.

In Bodenwerder sind wir beim »Lügenbaron«, dem legendären Freiherrn von Münchhausen (1720–97), der uns aus vielen köstlichen Geschichten bekannt ist, zu Hause. Sein um 1603 erbautes Geburts- und Sterbehaus ist heute das Rathaus des malerisch an der Lenne gelegenen Ortes.

In Bodenwerder we are finally in the home of the legendary Baron von Münchhausen (1720–1797), who is well-known to us from many amusing stories. His house of birth and death, built around 1603, is now the Town Hall of the picturesque town at the mouth of the Lenne which insisted

A Bodenwerder nous sommes enfin chez le «baron menteur», le légendaire seigneur de Münchhausen (1720–1797). Nous connaissons bien chez nous ses histoires impayables. Sa maison natale ou il mourut aussi, construite en 1603, est aujourd'hui l'hôtel de ville de cette petite ville pittoresque, située à

zwischen Negenborn und Rühle: Die Rühler Schweiz, Blütenpracht April – Mai

Natürlich hat es sich Bodenwerder nicht nehmen lassen, seinem großen Sohn ein Denkmal, in dem eine seiner höchst »lögenhaften« Geschichten fortlebt, zu setzen und ihm im Rathaus ein kleines Museum zu widmen mit Erinnerungsstücken aus seinem Leben und einer Sammlung von Ausgaben der von ihm erfundenen Geschichten.

on putting up a monument to its great son in which one of the very "tall stories" lives on. The town also dedicated a small museum in the Town Hall to the baron with keepsakes from his life.

l'embouchure de la Lenne. Un monument est dédié à ce fils célèbre de la ville. Il immortalise l'une de ses histoires les plus mensongères. L'hôtel de ville abrite un petit musée avec une exposition sur le baron.

In kopenglühender Sonnenhitze.
Sie trafen sich mit der feindlichen Beut,
Doch wehe, – es hatte die Sonnenglut
Geschmolzen die Säbel in ihrer Scheide,
Doch gingen zu ihrer besonderen Freude
Die Kanonen und Flinten von selber los.
Mit den Säbelgriffen gab's Schlag und Stoß.
Münchhausen hörte man rühmend sagen:
Zehntausend habe er das Hirn zerschlagen.

Von Kemnade nach Grohnde

In der Klosterkirche von Kemnade (Bild oben) wurde 1797 Freiherr Hieronymus C.F. von Münchhausen begraben. Schon unter Otto dem Großen, um 960, wurde das Benediktinerinnen-Kloster gegründet. Das Kloster war so reich, daß bereits im 12. Jahrhundert die Sitten darin so nachließen, daß „wegen unbotmäßiger Amtsführung der Äbtissin Judith“ das Kloster 1147 als Reichsstift aufgelöst und Corvey unterstellt wurde. Manche Leute sagen, genau dies habe Corvey beabsichtigt, um an die Ländereien der Damen heranzukommen. Die im 11. Jahrhundert erbaute Kirche, die noch zur Hälfte erhalten ist, birgt viele sehenswerte Kunstschätze, beginnend mit dem Hauptaltar (um 1520), bis zum Hochgrab des Siegfried von Homburg von 1380.

Baron Hieronymus was buried in the convent church of Kemnade (picture above) in 1797. The Benedictine convent was founded under Otto the Great, around 960. The convent was so rich that the morals there deteriorated to such an extent in the 12th century that the convent was dissolved as an imperial chapter "because of insubordinate conduct in office on the part of Abbess Judith" in 1147 and was placed under Corvey's control. Some people say Corvey had exactly this in mind in order to get hold of the ladies' estates. The church, built in the 11th century and only half of which is still intact, contains many art treasures worth seeing, from the main altar (around 1520) (picture on right) to the tomb of Siegfried von Homburg dating from 1380.

Dans l'église de Kemnade fut enterré en 1797 Hieronymus C.F. von Münchhausen. Ce couvent de bénédictines fut fondé vers 960 sous Otto le Grand. Sa richesse était si considérable que, dès le XIIe siècle, les mœurs se relâchèrent et qu'en 1147 le couvent en tant que fondation impériale fut dissout; «à cause de l'insubordination de l'abbesse Judith», et placé sous la dépendance de Corvey. Nombreux sont ceux qui disent que c'était précisément le but poursuivi par Corvey afin de s'approprier les biens des dames. L'église du XIIe siècle dont la moitié subsiste, abrite bien des trésors artistiques comme le maître autel (vers 1520 photo à droite) et le monument funéraire de Siegfried de Homburg datant de 1380.

Zwischen Bodenwerder und Grohnde beschreibt die Weser einmal mehr eine S-Schleife, die den Reiz dieser Landschaft ausmacht. Nur durch einen Treidelpfad vom Ufer getrennt liegt an dem Wendepunkt dieser Schleife, bei dem Ort Hehlen die im 16. Jahrhundert erbaute Burg der von der Schulenburg – das fast schmucklose Schloß gilt als das erste der großen Adelsschlösser an der Weser, mit denen sich der Begriff Weserrenaissance verbindet.

Between Bodenwerder and Grohnde the course of the Weser again describes an S-shaped loop, which makes this landscape so charming. At the middle of this loop, near the town of Hehlen and separated from the river by a narrow towing path, is 16th-century Schulenburg Castle. This castle, practically devoid of ornamentation, is regarded as the first of the large aristocratic palaces built on the Weser that are now associated with the "Weser Renaissance".

Entre Bodenwerder et Grohnde, la Weser décrit encore une fois une boucle en S qui fait tout le charme de ce paysage. Séparé de la rive par un chemin de halage uniquement, le château de la famille de Schulenburg fut construit au 16ème siècle juste sur le point d'inflexion de cette boucle, près de la localité de Hehlen – ce château pratiquement sans ornements passe pour le premier des grand châteaux nobiliaires situés sur la Weser et auxquels est associé la notion de Renaissance de la Weser.

Es gibt kaum ein idyllischeres Fleckchen an der Weser als Grohnde, wo es statt einer Brücke noch eine von der Strömung angetriebene Fähre gibt – da muß man schon ein wenig Zeit mitbringen, will man auf die andere Seite des Flusses gelangen. Bekannt geworden ist Grohnde jedoch nicht ob solcher landschaftlicher Vorzüge, sondern als Standort eines Kernkraftwerkes.

Perhaps the most idyllic spot along the Weser can be found at Grohnde. If you wish to cross the Weser here make sure you have plenty of time, as you will have to wait for one of the current-driven ferries still in operation. Despite its lovely landscape, Grohnde is probably better known for its nuclear power plant.

Il n'y a guère sur la Weser de bourgade plus idyllique que Grohnde, où à la place d'un pont il n'y a qu'un bac mû par le courant – il convient donc apporter tout son loisir si l'on désire se rendre sur l'autre rive. Ce n'est cependant pas la beauté du paysage qui a rendu Grohnde célèbre mais le fait qu'une centrale nucléaire y a été implantée.

Die Hämelschenburg – Juwel im Weserbergland

Kaum ein zweites Schloß der an Schmuckformen nicht gerade armen Weserrenaissance ist so aufwendig von unten bis oben verziert, wie das des Jürgen von Klencke und seiner schönen Frau Anna von Holle. Sie begannen 1588 mit dem Bau dieser üppigen dreiflügeligen Schloßanlage, deren Baumeister, obwohl doch einige von den anderen Schlössern bekannt sind, nicht überliefert sind. – Viele Geschichten ranken sich um die festliche Gestalt dieses Baues mit den vielen auf das reichste gestalteten Zwerchgiebeln, den weit auskragenden Wasserspeiern und einer bemerkenswerten, in Jahrhunderten gewachsenen Ausstattung, die man bei den regelmäßig stattfindenden Führungen besichtigen kann (Bild rechts).

Hardly another palace of the Weser Renaissance, which was not exactly lacking in decorative forms, is so lavishly ornamented from top to bottom as that of Jürgen von Klencke, and his beautiful wife, Anna von Holle. In 1588 they began with the construction of this opulent three-wing palace complex, the builders of which are not known to us, though some of the other palaces are known. Many stories have grown around the magnificent design of this edifice with its many richly designed small gables, the greatly projecting gargoyles and remarkable furnishings, which have been added to over the centuries and can be viewed today as part of regular tours.

Bien que la Renaissance de la Weser ne soit pas chiche en ornementation, il n'y a pas de château qui soit plus ornementé – du haut en bas – que celui de Jürgen von Klencke et de sa belle épouse Anna von Holle. Ils commencèrent la construction de cet exubérant édifice à trois ailes en 1588. Le nom de l'architecte ne nous est pas parvenu bien que nous connaissions ceux de la plupart des autres châteaux. Beaucoup d'histoires circulent au sujet de cette construction si festive avec ses petits pignons aux formes riches, ses gargouilles se projetant en avant et son ameublement remarquable s'étant constitué sur plusieurs siècles. On peut l'admirer à l'occasion des visites organisées.

Weltbad Pyrmont

Bad Pyrmont ist wirklich uralt, seine warmen Quellen genossen zur Zeit der Germanen göttliche Verehrung. Im Mittelalter glaubte man an wunderbare Kräfte und die Aufklärung sah erstmalig nicht nur die Wohltat des heilenden Wassers, sondern auch die einer selten schönen Natur: „Ich bin jetzt in der schönsten, kühnsten, deutschesten und romantischsten Gegend der Welt", schrieb der Dichter Herder im Jahre 1772. Und auch heute strahlt die Stadt mit ihren Bädern, ihren Kuranlagen

Pyrmont is really ancient, its hot springs were the subject of divine reverence at the time of the Teutons. During the Middle Ages people believed in miraculous forces and the Age of Enlightenment saw for the first time not only the benefits of the healing waters but also those of a nature of rare beauty: "I am now in the most beautiful, boldest, most German and most romantic region in the world", wrote the poet, Herder, in 1772. And even today the town radiates a marvelous

Pyrmont est vraiment très ancien. Du temps des Germains ses souces chaudes étaient sacrées. Au Moyen Age on y voyait des forces merveilleuses. Au siècle des lumières l'on apprécia pour la première fois, non seulement les effets bienfaisants de l'eau, mais aussi la beauté peu commune du site: «Je suis maintenant dans la région la plus belle, la plus hardie, la plus allemande et la plus romantique du monde,» écrivait le poète Herder en 1772. Encore aujourd'hui la ville exhale une

und ihren Freizeitangeboten ein wunderbares Flair aus. Zu sehen gibt es unendlich viel: z.B. das Kurhaus mit seiner weiträumigen Wandelhalle (Bild links) und dem alten, historischen Kurpark, dessen Anfänge in das 17. Jahrhundert zurückreichen und in dem im Sommer im Freien Palmen wachsen (Bild oben). Das Schloß der Fürsten von Waldeck und Pyrmont, mit den vielen Alleen und Parkanlagen und allen Bereichen der Stadt. Und nicht zu vergessen die modernen Einrichtungen, wie das Hallenwellenbad und das Moor-Badezentrum, um nur zwei herauszugreifen.

flair with its baths, its spa and recreational facilities. There is an endless list of sights to see: beginning with the "Kurhaus" and its expansive pump room (picture on left) and the old, historical Kurpark, whose origins date back to the 17th century and where palms grow outside in summer (picture above). The palace of the elector-princes of Waldeck and Pyrmont with its lovely furnishings as well as the many boulevards and park grounds all over the town. Not to mention the modern facilities, such as the inside swimming pool with waves and the mud-bath center, just to name two.

merveilleuse atmosphère. Il y a énormément de choses à voir, à commencer par la Kurhaus et son hall spacieux (photo à gauche) et le vieux Kurpark historique dont les débuts remontent au XVIIe siècle et dans lequel, en été, poussent des palmiers à l'air libre (photo ci-dessus). Il faut mentionner aussi le ravissant château des ducs de Waldeck et Pyrmont, les nombreuses allées et espaces verts dans tous les quartiers de la ville. Il y a aussi des aménagements modernes comme la piscine à vagues et le centre de bains de boue, pour n'en nommer que deux.

Das schönste von allem in Bad Pyrmont sind die weitläufigen, gepflegten Kuranlagen – im Bild oben der Blick durch die Hauptallee auf das Kurhaus mit „Hyllige Born“ – denen neben dem Wasser große Bedeutung für den Heilprozeß der Kurgäste zukommt. Schloß Schwöbber (Bild rechts), über Aerzen und das Flüßchen „Humme“ hinaus gelegen, wurde zwischen 1512 und 1604 im Auftrage eines Münchhausen erbaut. Als Baumeister des älteren Mittelflügels ist Cord Tönnies genannt. Die beiden Flügel, die die Schloßanlage erst richtig „abrunden“, fügte die nächste Generation hinzu. Viel jünger sind die schönen Gartenanlagen – und natürlich der 18-Loch-Golfplatz.

The extensive, well-tended spa grounds – in the picture above the view through the main avenue onto the Spa Building with "Hyllige Born" – are the most beautiful part of Bad Pyrmont – they, in addition to the water, are considered very important for the healing process of the spa guests. Schloß Schwöbber (picture on right), situated beyond Aerzen and the small river "Humme", was built by order of a Münchhausen resident between 1512 and 1604. Cord Tönnies is mentioned as architect of the older central wing. The two wings that really "round off" the palace complex were added by the next generation. The beautiful garden grounds and the 18-hole golf course are much younger, of course.

Ce qu'il y a de plus beau à Bad Pyrmont reste le parc de l'établissement thermal, spacieux et bien entretenu – photo ci-dessus, vue à travers une allée principale sur la Kurhaus avec «Hyllige Born» – qui joue un grand rôle dans les soins apportés aux malades.
Le château de Schwöbber, photo à droite, situé au-delà d'Aerzen et de la Humme, fut construit en 1512–1604 pour un Münchhausen. Cord Tönnies est l'architecte de la partie centrale qui est la plus vieille. Les deux ailes qui complètent si bien l'ensemble ne furent ajoutées que par la génération suivante et le beau parc est beaucoup plus récent – de même que le terrain de golf à 18 trous, bien sûr.

Am Fuß des Ith

Viele kleine Gebirgszüge und Gebirgsrücken fallen unter den Begriff „Weserbergland": die Bückeberge, der Deister, der Süntel, der Ith und noch manche andere. Jeder von ihnen ist geologisch, steinkundlich interessant und hat Steine für die Bauten der näheren und ferneren Umgebung geliefert. Auf dem Weg von der Weser, genauer gesagt von Bodenwerder aus nach Bisperode und Coppenbrügge, das schon jenseits des Bergkamms liegt, kommt man zu dem Dorf Heyen, dessen Anblick noch etwas von dem vermittelt, was man mit dem Begriff „Dorf" verbindet.

Many small mountain ranges and ridges are contained in the word "Weserbergland": Bückeberge, Deister, Süntel, Ith and many another. Each of them is geologically and mineralogically interesting and has provided stones for the buidings in the nearby and more distant surroundings.
On the way from the Weser, more precisely from Bodenwerder to Bisperode and Coppenbrügge, which is already located on the other side of the mountain crest, one comes to the village of Heyen, whose appearance still conveys what one associates with the term "village".

Beaucoup de petites chaînes et de massifs montagneux sont désignés par le nom de «Weserbergland»: les Bückeberge, le Deister, le Süntel, le Ith et beaucoup d'autres. Chacun d'entre eux est intéressant du point de vue géologique et a fourni des pierres pour des constructions plus ou moins éloignées. Sur le chemin venant de la Weser, plus exactement de Bodenwerder à Bisperode et Coppenbrügge qui se trouve déjà au-delà de la crête, l'on rencontre Heyen qui illustre bien ce que l'on associe au terme de «village».

Das malerisch am Rande des Ith gelegene Schloß Bisperode wurde am Ende des 17. Jahrhunderts von dem Paderborner Fürstbischof Metternich erbaut. Das nicht sehr große dreiflügelige Schloß wird noch umgeben von der Graft, welche das Schloß, wenn es von Nebelschwaden umgeben ist oder sich in dem Wasser spiegelt, wie geradewegs einem Märchen entstiegen erscheinen läßt.
Der Ort, der bei Segelfliegern gut bekannt ist, ist ein guter Ausgangspunkt für Wanderungen durch die Felsenwelt des Ith mit den Felstürmen „Adam und Eva" und vielen Felsformationen, an denen angehende Bergsteiger gerne üben.

Schloß Bisperode, situated picturesquely on the edge of the Ith Mountains, was built by Paderborn Prince-Bishop Metternich at the end of the 17th century. The not very big three-wing palace is still surrounded by "Graft"; when it is enshrouded in fog or is reflected in the water, this makes the palace appear as if it just came out of a fairy tale.
The town, which is well-known to glider pilots, is a good starting point for hikes through the rocky world of Ith with the rock towers of "Adam and Eve" and many rock formations which budding young mountain climbers like to practise on.

Le pittoresque château de Bisperode situé sur le bord du Ith fut construit au XVIIe siècle par le prince évêque de Paderborn, Metternich. Le château à trois ailes est assez petit. Il est encore entouré d'une pièce d'eau et, lorsqu'il y a de la brume ou que le château se reflète dans l'eau, il semble sorti tout droit d'un conte de fées.
Ce lieu qui est bien connu des amateurs de vol à voile est aussi un excellent point de départ pour des randonnées à travers le massif du Ith, avec les falaises d'Adam et Eve et de nombreux autres rochers sur lesquels les alpinistes en herbe s'exercent.

Im Bannkreis von Hameln

Auf dem letzten Stück vor Hameln nimmt die Weser drei stattliche Flüßchen auf, die Emmer, die Humme und die Hamel. Da zugleich die Berge etwas zurücktreten, weitet sich das Tal zu einer fruchtbaren Ebene, von deren Erträgen nicht nur die Mühlen in Hameln lebten, sondern auch so mancher Müller auf dem Land: Eine schöne Mühle findet man in Tündern (Bild links).
Hastenbeck mit seinem romantisch-historischen Schloß liegt weiter ab vom Fluß, der das Leben hier, zumindest früher, allein bestimmte. Das Herrenhaus von Reden (Bild oben), das 1869 neu errichtet werden mußte, besticht durch den Reichtum der Formen und dem Farbspiel der Materialien.

On the last section before Hameln (Hamlin) the Weser takes on three imposing little rivers, the Emmer, Humme and Hamel. As the mountains move back somewhat at the same time, the valley expands into a fertile plain, which not only provided crops for the mills in Hameln but also for many a miller in the country: You will find a beautiful mill in Tündern (picture left).
Hastenbeck with its romantic, historical palace is located farther away from the river that at least used to be the only determining factor in the way of life here. The manor in Reden (picture above), which had to be rebuilt in 1869, is striking due to the richness of form and the play of colors of the materials.

Sur la dernière section avant Hameln, la Weser est alimentée par trois imposantes rivières, l'Emmer, la Humme et la Hamel. Comme les montagnes reculent un peu, la vallée s'élargit en une plaine fertile. Ses récoltes fournissaient du travail aux moulins de Hameln mais aussi à ceux de la campagne. L'on trouve un beau moulin à Tündern (photo à gauche).
Hastenbeck avec son château de style historicisant-romantique est situé à l'écart du fleuve qui, autrefois du moins, jouait und rôle déterminant dans la vie de la région. La seigneurerie de Reden (photo en haut) qui fut reconstruite en 1869, séduit par la richesse de ses formes et le jeu des couleurs de ses matériaux.

Über 1000 Jahre alt ist das Stift Fischbeck unterhalb von Hameln, das heute als evangelisches Damenstift geführt wird und aus dem Ausflugs- und Kulturprogramm von Hameln nicht mehr wegzudenken ist, obwohl es doch zu Hessisch Oldendorf gehört. Die mit wunderschönen Architekturdetails reich verzierte Kirche mit ihrem mäch-

The Fischbeck Home below Hameln is over 1000 years old and is now run by nuns as a Protestant home for ladies. One cannot imagine Hameln's excursion and cultural program without it although it actually belongs to Hessisch Oldendorf. The church, richly ornamented with marvelous architectural details, with its mighty west gable

Le couvent de Fischbeck, en amont de Hameln, est vieux de plus de 1000 ans. C'est aujourd'hui une maison religieuse pour les femmes. Hameln est le point de départ des excursions qui se rendent au couvent et on ne peut guère le dissocier de la vie culturelle de cette ville, pourtant il fait partie d'Oldendorf en Hesse. L'orne-

tigen Westriegel und der großen dreischiffigen Hallenkrypta unter dem Chor geht auf das 12. und 13. Jahrhundert zurück. – Das Stift besitzt noch heute viele sehr kostbare Kunstwerke, darunter einen Wandteppich von 1583, auf dem die Geschichte der Gründung des Stiftes bildreich geschildert wird.

and the large three-nave hall crypt under the choir dates back to the 12th and 13th centuries. The home still possesses many very valuable works of art today, including a tapestry from 1583, on which the history of the founding of the home is vividly depicted.

mentation architecturale de l'église est très belle. Le puissant pignon ouest est remarquable. La grande crypte voûtée, sous le chœur, remonte aux XII et XIIIe siècles. Le couvent possède de très précieuses œuvres d'art comme la tapisserie datant de 1583 sur laquelle l'histoire de la fondation du couvent est représentée.

Im Ohrbergpark kommen wir Hameln schon sehr nahe. Langgezogen an der Weser, in einem Naturschutzgebiet, lieg der Ohrbergpark. Mit seiner Vielzahl von besonderen Bäumen und Sträuchern, vor allem zur Rhododendronblüte im frühen Sommer, lockt er die Besucher zu tausenden an. Hameln selbst kann sich mit 1300 Hektar Stadtwaldfläche zu den waldreichsten Städten in Deutschland zählen. Dort gibt es einen „Waldbaulichen Lehrpfad" und einen Weg, der an 18 Baumriesen vorbeiführt. Es gibt eingerichtete Grillplätze, an denen man im Freundeskreis seine eigene Grillparty feiern kann und außerdem etliche Kilometer Wanderwege – also einem Jeden das Seine.

In Ohrbergpark we are now very close to Hameln. Extending along the Weser, it is located in a nature preserve and attracts thousands of visitors in summer with its great variety of special trees and shrubs, particularly when the rhododendrons blossom in early summer.
Hameln is itself one of the most thickly wooded cities in Germany with 1300 hectares of forest area. There is an educational path on forestry and a path that leads one past 18 giant trees. There are barbecue sites set up so that one can have one's own barbecue party with friends as well as countless kilometers of hiking paths – in other words something for everyone.

Le Ohrbergpark est déjà tout près de Hameln. Il s'étend le long de la Weser et est situé dans un district de protection de la nature. Avec sa grande variété d'arbres et de plantes, il attire, surtout au début de l'été, à l'époque de la floraison des rhododendrons, des milliers de visiteurs. Le parc d'Ohrberg appartient encore à la municipalité d'Emmerthal. Quant à Hameln, avec ses 1300 ha de forêts, c'est une des villes les plus boisées d'Allemagne. On y trouve un sentier d'enseignement forestier, un chemin qui passe par dix-huit arbres géants, des lieux où l'on peut faire des grillades et de nombreux kilomètres de chemins de randonnées – à chacun son goût.

Hameln, die Rattenfängerstadt

Der Name der Stadt verbindet sich mit einer der bekanntesten Sagengestalten, dem »Rattenfänger«, mit der sich vermutlich historische Ereignisse des 13. Jahrhunderts mit allgemein städtischen Problemen – den Rattenplagen – verbunden haben. Die Stadt trägt den Beinamen heute nicht unwillig und erinnert gern, daß sie im Mittelpunkt dieser Sage steht.
Die Osterstraße – das Bild zeigt sie im Blick auf das 1610–17 erbaute Hochzeitshaus – ist die Hauptstraße mit den hervorragendsten Bauten. So im Vordergrund dem Leistschen Haus, das sich der Kaufmann Gerd Leist 1585–89 erbauen ließ. Zusammen mit dem benachbarten Stiftsherrenhaus

This town is associated with the "Pied Piper", one of the best-known legendary characters, and it seems that historical events of the 13th century were mixed with general town problems – the rat plagues – to produce the story that made this town famous in word and pictures.
Osterstraße – picture above in the view onto "Hochzeitshaus" dating from 1610–1617 – is the main street of the town with its most significant buildings. The house in the foreground made of ashlar and redstone was built by the merchant, Gerd Leist 1585–1589 – together with the adjacent canon's house of 1558 it accommodates the municipal museum

Cette ville est associée à l'un des plus célèbres personnages de légendes, «le Preneur de Rats». Apparemment des évènements historiques et un problème urbain courant, celui des rats, se mélèrent à la légende pour donner à la ville son épithète. La fierté qu'elle en éprouve s'exprime en mots et en images.
La Osterstraße – photo ci-dessus: vue de la Hochzeitshaus (1610–1617) – est la rue principale avec ses édifices les plus remarquables. La maison de brique rouge et de pierre de taille, au premier plan, a été construite pour le marchand Gerd Leist de 1585 à 1589. Elle abrite – avec la Stiftsherrenhaus de 1558 – le musée municipal qui con-

von 1558 beherbergt es das Städtische Museum mit Sammlungen zur Rattenfängersage, zur Geschichte des Weserberglandes und der Stadt. Der Platz vor dem Museum oder dem Rattenfängerhaus – Bild rechts – eignet sich vorzüglich als Ausgangspunkt für eine Stadterkundung, die neben dem Reichtum bürgerlicher Bauten auch die beiden Hauptkirchen, die Markt- und die Münsterkirche einschließen sollte.

with collections on the tale of the Pied Piper of Hamlin, on the history of Weserbergland and naturally of the town. The square in front of the municipal museum and Pied Piper's house (picture on the right) it is well suited as a starting point for the tour of the city which should not only include the rich variety of town houses but also the two main churches, Marktkirche and Münsterkirche.

tient des expositions sur la légende du Preneur de Rats, l'histoire du Weserbergland et, bien sûr, l'histoire de la ville. La place qui se trouve devant le musée municipal ou la maison du Preneur (photo à droite) cet édifice pourra servir de point de départ à une visite de la ville qui, en plus des constructions civiles ne devra pas manquer, d'inclure les deux églises principales, la Marktkirche et la Münsterkirche.

Über all dem kulturellen Reichtum dieses Hauptortes der Weserrenaissance, wie man den Stil des Rattenfängerhauses im Herzen der Stadt nennt, darf indes nicht vergessen werden, daß das sorgfältig sanierte Hameln das wirtschaftliche Zentrum der Oberweser ist, der »Marktplatz« einer Region, die nicht zuletzt aufgrund geografischer Gegebenheiten von der Porta Westfalica im Norden bis Bodenwerder im Süden reicht.

But besides the wealth of culture that can be found in this capital of Weser Renaissance – the term used to describe the architectural style of the Pied Piper House at the heart of the city – one should also remember that the carefully restored town of Hameln is the economic center of the Upper Weser area and, not least because of its geographical location, the "marketplace" of the region stretching from Porta Westfalica in the north to Bodenwerder in the south.

Outre toute la richesse culturelle de ce haut lieu de la Renaissance de la Weser, ainsi que l'on qualifie le style de la Maison du Preneur de rats au coeur de la ville, il ne faut pas oublier que la ville de Hameln, soigneusement restaurée, constitue le centre économique de la Haute-Weser, la «place de marché» d'une région qui s'étend non seulement pour des raisons géographiques de la Porta Westfalica au nord jusqu'à Bodenwerder au sud.

Von Hessisch Oldendorf zum Süntel

Hessisch Oldendorf gehört nicht zu Hessen und es ist, wenigstens seit dem 13. Jahrhundert, kein Dorf, sondern eine Schaumburger Stadtgründung. Deren Besonderheit ist das Fehlen einer Stadtmauer, obwohl schon 1320 Stadttore erwähnt wurden. Der Grund für diese Merkwürdigkeit liegt in dem Wasserreichtum der Gegend, der eine Wasserverteidigung durch einen einfachen Wall aus Palisade zuließ. Mit dem „Hessisch" hat es aber doch seine Bewandnis: Oldendorf gehörte nämlich von 1647 bis 1866 zu Hessen-Kassel und daher ...
Mit diesem Oldendorf ist auch die Baxmannsage verbunden, die in Baxmannquelle, Baxmannbaude und, wie leibhaftig, im Bergpark (Denkmal) weiterlebt.

Hessisch Oldendorf does not belong to Hessen and it is not a village, at least not since the 13th century, but was founded as a Schaumburg town. Its special feature is the lack of a town wall although town gates were mentioned as early as 1320. The reason for this remarkable fact lies in the abundance of water in the region which made water defense with a simple wall and palisade possible. There is an explanation for "Hessisch", however: Oldendorf belonged to Hessen-Kassel from 1647 to 1866 and so ...
The Baxmann saga, which lives on Baxmannquelle, Baxmannbaude and, personified, in Bergpark, is also linked with this Oldendorf (monument).

Hessisch Oldendorf n'est pas hessois et n'est pas – du moins depuis le XIIIe siècle – un village mais une ville fondée par les Schaumburg. Elle n'a pas de mur bien que les portes de la ville aient été mentionnées dès 1320. La raison de cette étrangeté est l'abondance des eaux autour de la ville ce qui permettait de la défendre à l'aide d'un simple mur et d'une palissade. La dénomination «Hessisch» vient du fait qu'Oldendorf était possession des Hessen-Kassel de 1647 à 1866. Oldendorf est aussi associée à la légende de Baxmann. Baxmannquelle, Baxmannbaude et le parc de Berg en gardent la mémoire (Monument).

Springe liegt schon ein gutes Stück seitwärts der Weser am Fuß des Deister. Im Bild links das Haus Langestraße 31, erbaut 1616–19, ist eines der schönsten der Stadt. Der Jugendstil-Eisenbrunnen davor ist eine große Kostbarkeit. – Aus diesem Städtchen stammt der Erfinder der Kohlenfaden-Glühbirne, Heinrich Göbel.
Der „Saupark“ ist der frühere Jagdbezirk der Könige von Hannover. Ihr Jagdschlößchen kann jetzt ebenso besichtigt werden, wie ein großes Wisentgehege.

Springe lies a good distance sidewards from the Weser at the foot of Deister. In the picture on the left the house at Langestraße 31, built from 1616–19, is one of the most beautiful in the town and the Art Nouveau Eisenbrunnen (fountain) in front of it is also a precious gem. The inventor of the carbon filament lamp, Heinrich Göbel, came from this little town.
"Saupark" is the former hunting district of the kings of Hanover. Their hunting lodge can now be viewed as well as a large bison reserve.

Springe est situé à l'écart de la Weser, au pied du Deister. Dans la photo à gauche: la maison no 31 dans la Langenstraße, construite de 1616 à 1619. C'est l'une des plus belles de la ville et la fontaine de style 1900, est aussi très précieuse. Springe est la ville natale de l'inventeur de l'ampoule à filament de carbone, Heinrich Göbel.
Le «Saupark» était le terrain de chasse des rois de Hanovre qui y avaient aussi, leur pavillon de chasse. Il peut être visité de même qu'un grand enclos avec des bisons.

Zwischen Hameln und Hessisch Oldendorf begleitet der Süntel, ein ca. 12 km langer, felsreicher Höhenzug, in dem sich in wirklich natürlicher Umgebung wandern läßt, die Weser. Die schroffe Klippenwelt aus hartem Gestein – früher von Bergsteigern zum Üben besucht, heute nur noch den Alpenvereinsmitgliedern zugänglich, steht unter Naturschutz.
Am Übergang des Süntel zum Wesergebirge liegt die Schaumburg, Stammburg der Schaumburger Grafen. Ihre Geschichte beginnt bereits im 12. Jh.; fast 400 Jahre lang war sie bewohnt,

The Süntel, an appr. 12 km long rocky mountain range which is not crossed by any roads and where one can hike in genuinely natural surroundings, accompanies the Weser between Hameln and Hessisch Oldendorf. The precipitous world of cliffs of hard stone – in the past a favorite spot for practice by mountain climbers – is today only accessible to members of the Alpine Club and is now also legally protected. Idyllically situated at the transition between Süntel and Wesergebirge one finds Schaumburg, the ancestral castle of the Schaumburg counts. Their his-

La Weser est suivie, sur une douzaine de kilomètres , entre Hameln et Hessisch Oldendorf, par le Süntel. Il n'est coupé par aucune route et l'on peut s'y promener dans un cadre vraiment naturel. Jadis les alpinistes s'entraînaient volontiers sur ses abruptes falaises de pierre dure mais elles sont maintenant protégées et elles ne sont plus accessibles qu'aux membres du Club Alpin. La forteresse de Schaumburg, berceau des comtes de Schaumburg, est située de façon très idyllique au point de transition entre le Süntel et les Wesergebirge.

wurde Verwaltungssitz und verfiel mit der Zeit. Nachdem sie zu Beginn unseres Jahrhunderts über manche Umwege wieder in die Hände der Schaumburger Grafen gelangte, bauten diese sie 1907–1913 wieder so auf, wie man sich eine solche geschichtsträchtige Burg vorstellt.

tory begins as early as the 12th century; it was occupied almost 400 years long, then became an administrative seat and declined over time. After it found its way back into the hand of the Schaumburg counts via many detours at the beginning of our century, they rebuilt it from 1907–1913 just one would imagine such a historical castle.

Son histoire remonte au XIIe siècle. Elle fut habitée pendant près de 400 ans, devint un siège administratif et tomba en ruine. Après bien des péripéties, elle redevint possession, au XXe siècle, des ducs de Schaumburg. Entre 1907 et 1913, ils la reconstruisirent. Elle est maintenant telle qu'on s'imagine un château aussi chargé d'histoire.

Residenzstadt Bückeburg

Bückeburg hatte das Glück, zur Zeit hoher kultureller Blüte in dem Grafen Ernst (1601–22) einen eifrigen Förderer von Wissenschaft, Kunst und Kultur zu besitzen, der die Wirtschaft seines kleinen schaumburgischen Ländchens in jeder Weise förderte.

Bückeberg had the good fortune of possessing an enthusiastic patron of science, art and culture in the person of Count Ernst (1601–22) at the time of a cultural golden age. He promoted the infrastructure of his small region in every way. For example, he magni-

Bückeburg eut la chance, à une époque de grand épanouissement culturel, d'avoir un souverain – le comte Ernst (1601–22) – un protecteur des sciences et des arts, qui encouragea autant qu'il put l'économie de sa région. C'est ainsi qu'il fit agrandir fastueusement le

Dazu gehörte, daß er zwischen 1601–08 das Schloß (oben) prunkvoll ausbauen ließ – hier sind am bekanntesten der Goldene Saal mit einem glanzvollen Portal und die Schloßkapelle (Bild rechts) mit einem einzigartigen Engelaltar – kunstvolle Gärten anlegte und endlich sogar die Residenz von Stadthagen nach Bückeburg verlegte. Auch eine neue protestantische Stadtkirche hat er erbauen lassen.

ficently redid the palace (picture above) from 1601 to 1608 – the best-known sections being the Golden Room with its splendid portal, and the palace chapel (right) with its unique altar of angels, laid out artfully landscaped gardens and even had the royal residence moved from Stadthagen to Bückeburg. He also had a new Protestant Town Church built.
The same Count Ernst, who received

château (en haut) «la salle dorée» avec son splendide portail et la chapelle (photo à droite) avec son autel aux anges uniques en son genre sont les plus connus il agença avec beaucoup d'art des jardins et pour finir transféra sa résidence de Stadthagen à Bückeburg. Il fit également construire une nouvelle église protestante en ville.
C'est ce même comte Ernst, devenu duc en 1619, qui fonda l'université

Schließlich hat derselbe Graf, der 1619 den Fürstentitel erhielt, 1621 die Universität in Rinteln gegründet (1809 wieder geschlossen). Der für das Bild von Bückeberg so bedeutende Stil der späten Weserrenaissance klingt sogar noch beim Bau des Rathauses im Jahre 1905 an (Bild Seite 71).

the title of elector-prince in 1619, had also founded the university 1621 in Rinteln (closed 1809). The late Weser Renaissance style that was so significant for Bückeburg's panorama is also discernible in the Town Hall building dating from 1905 (picture page 71).

1621 de Rinteln (fermé en 1809). Le style de la Renaissance de la Weser, si important pour l'aspect de Bückeburg, se retrouve encore dans l'édifice de l'hôtel de ville de 1905 (photo page 71).

Im Schloß befindet sich noch ein Reitsaal, in dem (Hofreitschule in Wien) auch Vorführungen mit Lippizanern stattfinden.

Obernkirchen – Heimat des „Obernkirchners“

Am nordwestlichen Rand der Bückeberge, hinter Bad Eilsen und wieder ein gutes Stück abseits der Weser, liegt die kleine Stadt Obernkirchen. Sie ist, wenn nicht weltbekannt, so doch wenigstens europaweit berühmt wegen der Steine, die hier seit Jahrhunderten gewonnen und als „Obernkirchner Sandstein“, früher auch als „Bremer“-Stein, weit gehandelt werden. Erst dieser Stein, der in sehr großen Blöcken gewonnen werden kann, der sich in frischem Zustand, also wenn er frisch gebrochen ist, sehr gut bearbeiten läßt und der wunderbar altert und aushärtet, ermöglichte die bizarre Skulpturenwelt der Weserrenaissance. Aber nicht nur in der näheren Umgebung verbaute man diesen Stein, sondern

At the northwestern edge of Bückeberge, after Bad Eilsen and again a good distance away from the Weser, lies the small town of Obernkirchen. Though not known worldwide, it is at least famous in Europe for the stones that have been extracted here for centuries and widely traded as “Obernkirchner sandstone”, formerly also as “Bremen stone”. It was this stone, which can be extracted in very large blocks, which, when freshly broken, is easy to work and which ages and hardens wonderfully, that first made the bizarre sculpture world of the Weser Renaissance possible. However, this stone was not only used for construction in the surrounding area but was also shipped on the Weser via Bremen

A la limite nord-ouest des Bückeberge, derrière Bad Eilsen et quelque peu en aval, se trouve la petite ville d'Obernkirchen. Si elle n'est pas connue dans le monde entier, elle est du moins connue dans toute l'Europe à cause de la pierre que l'on y exploite depuis des siècles et qui est connue sous le nom de «grès d'Obernkirchen» ou «pierre brêmoise» et elle était vendue au loin. C'est grâce à cette pierre qui peut être découpée en de très grands blocs, qui peut être facilement travaillée quand elle est fraîche, c'est-à-dire quand elle vient d'être taillée et qui durcit en vieillissant, que l'on put réaliser le monde étrange des sculptures de la Renaissance de la Weser. Cependant elle

man verfrachtete ihn auf der Weser über Bremen in die Niederlande, nach Skandinavien und ins Baltikum. Und in allen diesen Länder war er bekannt unter dem Namen „Bremer"-Stein.
Bei unserem Stein handelt es sich um einen feinkörnigen Sandstein, der in mächtigen Schichten ansteht und je nach Lage grau oder braun ist.
Im Bild links der Marktplatz von Obernkirchen, an dem man natürlich mit dem Ortgestein nicht gespart hat und im Bild oben der Blick in einen Steinbruch. Sehenswert ist auch das 1167 gegründete Augustinerinnenkloster, das heute als Damenstift geführt wird und dessen Kirche eine schöne Ausstattung besitzt.

to the Netherlands, Scandinavia and to the Baltic Sea and in all these countries it was known under the name of "Bremen stone".
The stone we are referring to is a fine-grained sandstone which is found in massive layers and is gray or brown depending on location.
In the picture on the left the market-place in Obernkirchen, where one was naturally not stingy with the local stone and picture above the view of a quarry. The Augustinian convent founded in 1167 is also worth seeing. Today it is run by nuns as a home for ladies and its churches possesses beautiful furnishings.

n'était pas uniquement utilisée dans les régions avoisinantes, on l'exportait, via la Weser et Brême, jusqu'en Hollande, en scandinavie et dans les pays baltes. Dans toutes ces régions elle était connue sous le nom de pierre «brêmoise». Notre pierre est un grès finement granulé, déposé en couches très épaisses qui sont grises ou brunes selon l'endroit. Dans la photo à gauche, la place du marché d'Obernkirchen où l'on a été prodigue, bien sûr, de la pierre locale. Photo ci-dessus, vue d'une carrière. Le couvent des augustines est également remarquable. C'est aujourd'hui une maison religieuse pour les femmes. L'intérieur de l'église est fort beau.

Das Wesergebirge und Rinteln

Nördlich und südlich des Wesergebirges, das bei Steinbergen einen paßartigen Einschnitt hat, liegen Bad Eilsen (Bild oben, der Kurpark) und Rinteln (Bild rechts). Bad Eilsen ist eines der Bäder im „Heilgarten Deutschlands", die ihren Aufstieg und die ersten Kureinrichtungen, dem badefreudigen 18. Jahrhundert verdanken.

North and south of Wesergebirge (mountain range), which has a pass-like incision near Steinbergen, are Bad Eilsen (picture above, Kurpark) and Rinteln (picture on right). Bad Eilsen is one of the spas in "Germany's spa garden" that owe their rise and the first spa facilities to the delight taken in bathing in the 18th century.

Au nord et au sud des Wesergebirge qui forment près de Steinbergen une sorte de passe, sont situés Bad Eilsen (photo ci-dessus, le jardin) et Rinteln (photo de droite). Bad Eilsen est l'une des villes d'eaux du «jardin curatif d'Allemagne» qui doit sa popularité et ses premiers aménagements à l'enthousiasme des baigneurs du XVIIIe

Rinteln dagegen ist eine um 1230 planmäßig angelegte Stadt, die längst schon ihre wirtschaftliche Bedeutung hatte, als sie 1621 auf Betreiben von Graf Ernst von Schaumburg, dem großen Förderer Bückeburgs, zur Universitätsstadt mit einer protestantischen theologischen Fakultät erhoben wurde. Neben und mit Hameln ist

Rinteln, on the other hand, is a town with a planned layout 1230 which had long attained economic importance when it was elevated to a university town with a Protestant theological faculty at the bequest of Count Ernst von Schaumburg, Bückeburg's great patron, in 1621. In addition to and along with Hameln, Rinteln is among

siècle. – Quant à Rinteln, elle fut tracée selon un plan préétabli vers 1230. Elle jouait déjà un rôle économique important lorsqu'elle fut promue ville universitaire en 1621, avec faculté de théologie protestante, à l'instigation du comte Ernst von Schaumburg, le grand mécène de Bückeburg. Avec Hameln, Rinteln

Rinteln eine der charaktervollsten Städte, die von den Werken der Weserrenaissance geprägt wurden. So das Rathaus mit seinen zwei Giebeln, das Archivhäuschen des Münchhausenhofes in der Ritterstraße und endlich die Stadtkirche, in der früher die Vorlesungen der Universität stattfanden. Was aber nicht gerade aus Stein gefügt wurde, zeigt sich hier in reichem Fachwerk.

those towns full of character that were influenced by the works of the Weser-Renaissance; for example, the Town Hall with its two gables, the archive building of Münchhausenhof in Ritterstraße and finally the Town Church, in which university lectures took place. Whatever does not happen to be put together of stone displays rich half-timbered architecture.

est l'une des villes présentant le plus de caractère. Elle est marquée de l'empreinte de la Renaissance de la Weser. L'hôtel de ville avec ses deux pignons, la maison des archives de la Münchhausenhof, dans la Ritterstraße et enfin la Stadtkirche dans laquelle les cours de l'université avaient lieu, en sont des exemples. Ce qui n'est pas en pierre est construit en riches colombages.

Nur wenige Kilometer sind es bis zum nächsten Bad, das nun aber mit einem Superlativ aufwarten kann: Der Jordansprudel in Bad Oeynhausen schleudert in jeder Minute 6000 Liter Sole über 50 Meter hoch, womit er die stärkste Thermalquelle in Europa ist. Das Bad ist jung. Erst 1848 wurde es gegründet, wobei es den Namen des Entdeckers der Solequellen, einem Freiherrn von Oeynhausen, erhielt. Joseph Peter Lenn, der Gartenkünstler der Könige von Preußen, legte den Kurpark an, Kurhaus und Kurtheater (Bild oben) folgten. Eine kleine Attraktion ist das Deutsche Märchen- und Wesersagenmuseum, das alles Erreichbare über den Sagenschatz dieses Landes zusammenträgt.

It's only a few kilometers to the next spa, which can now offer a superlative: "Jordansprudel" in Bad Oeynhausen hurls 6000 liters of brine over 50 meters high every minutes, which makes it the strongest thermal springs in Europe. The spa is young. It was founded in 1848 and received the name of the discoverer of the salt-water springs, Baron von Oeynhausen. Joseph Peter Lenn, the gardening artist of the kings of Prussia, laid out Kurpark, while Kurhaus and Kurtheater (picture above) followed. The German Fairy Tale and Weser Saga Museum is a small attraction that has compiled everything accessible on the treasure of legends surrounding this region.

La ville balnéaire suivante n'est qu'à peu de kilomètres. Elle nous attend avec un superlatif: la fontaine Jordan, à Bad Oeynhausen, fait jaillir, chaque minute, 6000 litres d'eau salée à plus de 50 m de haut et est ainsi la source thermale la plus puissante d'Europe. Le bain est jeune. Il ne fut fondé qu'en 1848 et reçut le nom de celui qui avait découvert la source thermale, le sieur von Oeynhausen. Joseph Peter Lenn, l'architecte paysagiste du roi de Prusse, traça le jardin. L'établissement thermal et le théâtre (photo ci-dessus) suivirent. Une petite attraction: le Musée Allemand des Contes et Légendes de la Weser. Il a réuni tout ce qui se rapporte au trésor de légendes de cette région.

In vielen Windungen erreicht die Weser von Osten kommend bei Vlotho die „Lippische Pforte", wie man, ergänzend zur Porta Westfalica, den Engpaß, an dem der Fluß wieder zur Nordrichtung zurückkehrt, nennt. Eine solche Flußbiegung ist natürlich der richtige Standort für eine Burg. Der steil gegen die Weser abfallende Amtshausberg soll schon vor etwa 2000 Jahren eine germanische Wallburg getragen haben, der ein karolingischer Königshof folgte, bevor sich im 13. Jahrhundert Heinrich von Oldenburg an dieser strategisch wichtigen Stelle festsetzte. Von dieser Anlage sind noch interessante Reste (Bild oben) erhalten.
Durch Eingemeindungen ist Vlotho, das im 17. und 18. Jahrhundert eher durch seine Schiffergilde von sich reden machte, jetzt auch ein Kurort.

Near Vlotho, after coming from the east with many bends, the Weser reaches "Lippische Pforte", as, in addition to Porta Westfalica, the narrow pass is called where the river again heads north. Such a river bend is naturally the right place for a castle. Amtshausberg, sloping steeply down to the Weser, is said to have borne a Teutonic castle fortress as early as 2000 years ago, then a Carolingian royal court followed before Heinrich von Oldenburg set himself up at this strategically important site in the 13th century. Interesting remains of this complex (picture above) are still intact.
As a result of incorporation of communities, Vlotho, which was the subject of talk in the 17th and 18th centuries more because of its boatsman's guild, is also a spa now.

Venant de l'est et faisant de nombreuses courbes, la Weser atteint à Vlotho la «Lippische Pforte», autre appelation de la Porta Westfalica, le passage resserré par lequel le fleuve se dirige de nouveau vers le nord. Un tel tournant est, bien sûr, un emplacement idéal pour une forteresse. Un fort germain aurait déjà été construit, il y a 2000 ans, sur les pentes abruptes de l'Amtshausberg, puis suivit un palais royal carolingien, avant qu'au XIIIe siècle, Heinrich von Oldenburg ne s'établît à cet important point stratégique. Il reste encore des ruines intéressantes de cette forteresse (photo ci-dessus).
Vlotho qui fit surtout parler d'elle aux XVII et XVIIIe siècle par sa guilde des bateliers est aussi, à présent, une station balnéaire.

Die Porta Westfalica und Minden

An der Porta Westfalica durchbricht die Weser die letzte Barriere der deutschen Mittelgebirge und ergießt sich in die weite norddeutsche Tiefebene. Dieser Durchlaß, den sich der Fluß in Urzeiten geschaffen hat, war von jeher eine der wichtigen Völker- und Heerstraßen. Eine solch exponierte Lage bot sich schon immer an für die Anlage einer Burg oder eines Denkmals. Dieses ließ die preußische Provinz Westfalen zu Ehren Kaiser Wilhelm I., des Großen, wie er auch bezeichnet wurde, am Abhang des Wiehengebirges, gegenüber dem Steilhang des Wesergebirges, durch den Berliner Architekten Bruno Schmitz und den westfälischen Bildhauer Kaspar Zumbusch in wahrhaft imposanter Größe errichten. – Von dieser Höhe aus hat man einen wunderschönen Blick über das Land.

At Porta Westfalica the Weser overcomes the last barrier of the German low mountain range and then splashes into the expansive northern German lowland plain. This passage, which the river created for itself ages ago, was always one of the important thoroughfares for people and armies. Such a prominent location always offered an inviting site for the construction of a castle or at least putting up a monument. The Prussian province of Westphalia had such a monument built in honor of Kaiser Wilhelm I the Great, as he liked to be called, on the slope of Wesergebirge by Berlin architect Bruno Schmitz and Westphalian sculptor Kaspar Zumbusch in genuinely imposing dimensions. From this elevation one has a wonderful view over the region.

A la Porta Westfalica, la Weser passe la dernière barrière des Mittelgebirge pour s'écouler dans la vaste plaine de l'Allemagne du Nord. Ce passage que le fleuve se fraya en des temps très anciens, fut toujours d'une grande importance pour le déplacement des peuples et des armées et se prête à la construction d'une forteresse ou, du moins, d'un monument. La province de Westphalie prussienne en fit ériger un à la mémoire de l'empereur Guillaume I le Grand – comme il aimait se faire nommer – sur les pentes du Wiehengebirge et en face des pans escarpés du Wesergebirge. L'architecte en fut le Berlinois Bruno Schmitz et le sculpteur, le Westfalien Kaspar Zumbusch. Le monument est vraiment d'une grandeur imposante. De cette altitude l'on a aussi une vue magnifique.

Minden gehört zu den von Karl dem Großen gegründeten sächsischen Bistümern und blickt auf eine bald 1200jährige Geschichte zurück, in der es zeitweilig seine Geschicke selbst bestimmen konnte, auch Mitglied der Hanse war, jedoch seit der Mitte des 17. Jahrhunderts zu Brandenburg gehörte und als vorgeschobener Posten Brandenburg-Preußens wiederholt als Festung ausgebaut wurde. Erst 1873 wurde der Stadt diese Bürde genommen. Das Bild der Stadt wird mehr von bürgerlicher Baukunst geprägt, wovon die Laube des leider stark zerstörten mittelalterlichen Rathauses (Bild oben) eindrucksvoll Zeugnis ablegt. Der bedeutendste Einzelbau bleibt aber der aus dem 10. bis 12. Jh. stammende Dom St. Peter mit seinem Paradies, dem herrlichen gotischen Langhaus und dem romanischen Querhaus und Chor.

Minden is one of the Saxon dioceses founded by Charlemagne and thus looks back upon an almost 1200-year-old history, during which it at times was able to determine its fate itself and was even member of the Hanseatic League. But beginning in the middle of the 17th century it belonged to Brandenburg and was rebuilt several times as a fortress and advance post of Brandenburg-Prussia. This burden was first taken off the town's shoulders in 1873. The town's appearance is more characterized by bourgeois architecture, as evidenced by the impressive arbour of the unfortunately greatly damaged medieval Town Hall (picture above). The most significant single edifice remains, however, St. Peter's Cathedral, dating from the 10th to 12th centuries, with its paradise, the marvelous Gothic nave and the again Romanic transverse nave and choir.

Minden est l'un des évêchés saxons fondés par Charlemagne et a ainsi une histoire vieille de près de 1200 ans. Il put, de façon intermittente, décider de son propre destin et fut membre de la Hanse. Pourtant dès le milieu de XVIIe siècle, il passa aux Brandenburg. Il fut fortifié plusieurs fois et servit d'avant-poste aux Prussiens. Ce n'est qu'en 1873 que la ville fut allégée de ce fardeau. Ce sont les constructions bourgeoises qui sont surtout caractéristiques de l'aspect de la ville; le rinceau de l'hôtel de ville médiéval, malheureusement fortement endommagé (photo ci-dessus), en témoigne de façon impressionnante. Pourtant l'édifice le plus important reste la cathédrale St. Pierre, datant du X au XIIe siècles, avec son «Paradis», la magnifique nef gothique, le chœur roman et le transept.

Minden ist heute ein wichtiger Verkehrsumschlagplatz mit gutem Autobahnanschluß und vor allem dem „Wasserkreuz", der Kreuzung zweier Wasserstraßen. Die auch für größere Binnenschiffe befahrbare Weser wird auf einer 370 Meter langen Brücke von dem hier von 1914–1917 erbauten Mittellandkanal gekreuzt, wobei Schleusen dafür sorgen, daß beide Wasserstraßen auch miteinander verbunden sind. Es sieht aber schon recht merkwürdig aus, wenn oberhalb des

Today Minden is an important traffic terminal with good highway access and above all the "water crossing", the intersection of two waterways: the Weser, also navigable for large inland waterway vessels, is intersected by the Mittelland Canal, built here from 1914–1917, at a 370-meter-long bridge; locks ensure that both waterways are connected to one another. However, it looks very odd when from the top a long European barge leisurely makes its way across the land.

Minden est aujourd'hui un important lieu de transit des marchandises. Elle a facilement accès à l'autoroute et surtout au «Wasserkreuz», le croisement de deux voies d'eau: la Weser, navigable pour les gros bateaux de la navigation intérieure, est traversée par le Mittellandkanal sur un pont long de 370 m – cette section fut construite de 1914 à 1917. Des écluses relient les deux voies d'eau. C'est un spectacle fort curieux que de voir, en haut, un long bateau suivant commo-

Landes ein langes Europa-Binnenschiff gemächlich seiner Wege zieht. Hier nun endet die Fahrt durch das Weserbergland und die die Weser begleitenden Höhenrücken durch das Land der Weserrenaissance und durch eine ganze Kette hübschester Fachwerkstädte.

This is the end of the trip through Weserbergland and the ridges accompanying the Weser, through the land of Weser Renaissance and through a whole series of lovely towns with half-timbered buildings.

dément sa route au-dessus de la terre. C'est ici que se termine notre voyage à travers le Weserbergland et les hauts massifs qui bordent la Weser, à travers le pays de la Renaissance de la Weser et toute une chaîne de villes à colombages des plus jolies.